Elisabeth Fischer

Vegan 5:2

Bildnachweis:

Cover:	Studio Trizeps/Josef M. Fallnhauser
Foodfotografie:	Studio Trizeps/Josef M. Fallnhauser (S. 27, 31, 37, 43, 49, 55, 61, 67, 77, 83, 84, 89, 95, 101, 105, 107, 111, 115, 121, 124)
Schnappschüsse aus der Küche:	Reinhard Haberfellner
Autorenfoto:	Monika Klinger

ISBN 978-3-7088-0668-6

Copyright Kneipp-Verlag GmbH und Co KG
A-1010 Wien, Lobkowitzplatz 1
www.kneippverlag.com

Autorin:	Elisabeth Fischer
Lektorat:	Marion Mauthe
Cover:	Oskar Kubinecz
Grafik:	Oskar Kubinecz

Druck und Bindung: Theiss GmbH, A-9431 St. Stefan

Printed in Austria
1. Auflage, Januar 2016

Elisabeth Fischer

Vegan
5 : 2

**5 Tage vegan genießen
2 Tage vegan fasten**

Gesund abnehmen ohne Verzicht

Inhalt

Danke !

Die Anregung zu diesem Buch kam von meinen Leserinnen und Lesern, und dafür möchte ich mich ganz herzlich bedanken. Denn schließlich bekam ich zu meinen Vegan-fasten-Büchern* sehr viele Zuschriften, darunter auch Erfahrungsberichte, wie gut das Abnehmen in diesen ein bis zwei Wochen funktioniert hat. Es kam aber auch immer wieder die Frage, wie denn ein längerfristiger Abnehmplan aussehen könnte. Und so entstand die Idee, das Vegan-Fasten mit dem 5:2-Intervallfasten zu verbinden. Das bedeutet: Pro Woche wird an 2 Tagen vegan gefastet und an 5 Tagen vegan genossen.

Am Anfang stand die Entwicklung der Rezepte für die Fasttage mit nur 500 Kalorien und die Herausforderung, für ein Minimum an Kalorien ein Maximum an wohlschmeckendem Essen auf den Tisch zu bringen. Ich war erstaunt, wie groß die Portionen sein können, und habe meine Fasttage problemlos und ohne Hungergefühl verbracht. Wie im Übrigen auch mein Partner und zahlreiche meiner Freunde, die sich zum Testfasten zur Verfügung gestellt haben.

Ein Blick auf die Waage zeigte Erstaunliches: Nach einem Tag war ein Kilo weg. Auch das kam mir sehr gelegen. Zwar esse ich grundsätzlich gesund. Da aber der Organismus mit den Jahren weniger Kalorien verbraucht, nimmt man mit der Zeit dennoch zu, obwohl man nicht mehr isst als bisher. Diesen Effekt musste ich leider auch an mir feststellen. Dazu kam, dass ich beruflich viel unterwegs war und daher weniger Sport machte. Kurzum: Mit der Zeit saßen vier Kilo mehr auf der Hüfte. Alles kein Problem, nach einigen Wochen Vegan 5:2 war mein Wohlfühlgewicht zurück, und ich passte wieder in die alten Hosen.

Mit den Rezepten für die 5 Tage vegan genießen möchte ich Ihnen die vollwertige vegane Küche schmackhaft machen: Eine köstliche Ernährung aus natürlichen Zutaten – auch für Feinschmecker, die sich nicht ausschließlich vegan ernähren.

Jetzt lege ich regelmäßig einen veganen Fasttag mit 500 Kalorien ein und halte mein Gewicht. Das begeistert und beruhigt mich gleichermaßen. Ich koche viel und esse gern, beruflich und privat, da ist es doch angenehm zu wissen, dass dieses Vergnügen nicht durch Fettpolster auf den Hüften getrübt wird.

Aber ich habe noch eine Entdeckung gemacht: Am Sonntagabend nach einem Wochenende mit Einladungen und Ausflügen samt Einkehr in wunderbaren Landgasthöfen freue ich mich auf das Fasten am Montag.

Ich wünsche Ihnen viel Erfolg mit Vegan 5:2!
Ganz herzlich

Elisabeth Fischer

*Elisabeth Fischer: VEGAN FASTEN – Das 14-Tage-Abnehmprogramm, Kneippverlag, 2014
Elisabeth Fischer: VEGAN FASTEN UND SCHLANK BLEIBEN, Kneippverlag, 2015

Vegan 5:2

Das neue Programm wirkt doppelt

Zwei Erfolgsprogramme reichen einander die Hand: Sowohl mit »Vegan fasten« als auch mit dem 5:2-Programm haben viele erfolgreich abgenommen. Werden beide Methoden kombiniert, unterstützen sie einander in ihrer Wirkung. Das Abnehmen und das Schlankbleiben fällt noch leichter und wird zum Genuss. Vegan 5:2 kann auch über einen längeren Zeitraum, also bis zum Erreichen des Wunschgewichts, durchgeführt werden.

Diäten machen dick, krank und einsam

Viele haben es schon am eigenen Leib erlebt: Diäten senken das Gewicht nicht dauerhaft. Im Gegenteil: Kaum ist die hungernd durchgestandene Diätwoche vorbei, sitzen die Kilos bald wieder auf den Hüften. Wiederholt sich dieses Jo-Jo-Spiel öfters, wird man mit der Zeit dicker als je zuvor und riskiert dazu seine Gesundheit. So steigt zum Beispiel das Risiko für Osteoporose und Herz-Kreislauf-Erkrankungen. Besonders beunruhigend ist die Tatsache, dass jeder, der mehr als zwei Diäten hinter sich bringt, bereits mit Essstörungen zu kämpfen hat. Dieses unermüdlich kontrollierende Essverhalten gefährdet die Gesundheit durch die eingeschränkte Lebensmittelauswahl. So führt zum Beispiel der Verzicht auf Hülsenfrüchte und Vollkornprodukte zu einem Mangel an B-Vitaminen, die für ein funktionierendes Nervensystem und eine gesunde Haut unerlässlich sind. Oft steigt aber auch das Risiko für Osteoporose, den gefürchteten Knochenschwund, genauso wie für Nierenerkrankungen durch eine einseitige Fixierung auf proteinreiche Produkte wie Fleisch, Geflügel oder Eier.

Aber nicht nur der Körper hat unter der Mangelernährung zu leiden. Wer ständig damit beschäftigt ist, was er alles nicht essen darf und von dem wenigen Erlaubten nur kleinste Portionen zu sich nimmt, vermindert die Lebensqualität bedeutend. Auch soziale Beziehungen sind damit gefährdet. Eine Einladung zu einem Essen im Freundeskreis wird abgesagt oder man knabbert bei einem liebevoll zubereiteten Menü nur am Salat. Beides enttäuscht die Gastgeber, nervt die anderen Gäste, und mit der Zeit bleiben die Einladungen aus. Dennoch ist der einzige Weg, um schlank, gesund und jung zu bleiben, einfach weniger zu essen. Darauf weisen Wissenschaftler seit Jahren hin. Damit bleibt man gesund und lebt länger. Welche Wege führen aber aus dem Dilemma zwischen Diät und Genuss? Sollen wir täglich nur 1500 Kalorien zu uns nehmen? Diese Kalorienreduktion wäre zwar keine strenge Diät. Trotzdem würde sie eine ständige Kontrolle unseres Essverhaltens erfordern, Tag für Tag, vom Frühstück bis zum Abendessen – eine beängstigende Vorstellung, bestimmt nicht nur für mich.

Intervallfasten statt immerwährendem Kalorienzählen

Es gibt einen Weg aus der Essenskrise – jenseits von Teufel und Beelzebub. Wir müssen uns nicht zwischen Dickwerden und Magersucht entscheiden. Die Lösung heißt Intervallfasten, auch intermittierendes Fasten genannt. Seit Jahrzehnten forschen Wissenschaftler über diese Ernährungsform und konnten feststellen: Durch den Wechsel von Fasttagen und solchen, an welchen normal gegessen wird, nimmt man kontinuierlich ab, es gibt keinen Jo-Jo-Effekt, und das Gewicht wird gehalten. Bewährt, da gut in den Alltag integrierbar, hat sich die Aufteilung 5:2. Dabei wird an 5 Tagen nach Herzenslust gegessen und an 2 Tagen gefastet. Dabei wird man im Monat vier bis fünf Kilos los. Erfahrungsgemäß lässt sich dieses Programm leicht durchhalten und verdirbt auch nicht den Appetit auf gutes Essen. Im Gegenteil: Am 500-Kalorien-Fasttag kann man sich schon auf die Köstlichkeiten freuen, die am nächsten Tag wieder aufgetischt werden.

2 Tage basisch vegan fasten

Mit »Vegan fasten« haben schon viele erfolgreich abgenommen und sich dabei fit und energiegeladen gefühlt. 2 Tage vegan fasten funktioniert nach einem einfachen Prinzip: Sie essen nur basenbildende, natürliche pflanzliche Lebensmittel. Stark basenbildend sind Gemüse, Früchte, Beeren, Kräuter, Kartoffeln. Schwach basenbildend sind Sojaprodukte. Diese Naturprodukte sind sehr kalorienarm, darum können Sie auch an den 500-Kalorien-Tagen ordentliche Portionen essen und das Fasten problemlos durchhalten. Die Rezepte dafür finden Sie in diesem Buch, sie sind alle schnell und einfach zubereitet.

Weiterer Vorteil: Die basischen Fastenspeisen wirken einer latenten Übersäuerung des Organismus entgegen. Gemüse, Kräuter, Früchte und Kartoffeln sind reich an basenbildenden Mineralstoffen, diese neutralisieren frei im Blut zirkulierende Säuren. Dazu sind diese pflanzlichen Naturprodukte die besten Lieferanten für Vitamine, die überschüssige Säuren ganz natürlich entsorgen. Meine basischen Fastenspeisen fördern aber nicht nur die Säure-Basen-Balance, sie steigern auch mit einem hohen Vitalstoffgehalt die Fettverbrennung und damit die Wirksamkeit des 5:2-Intervallfastens.

5 Tage vollwertig vegan genießen

Wagen Sie auch an den restlichen 5 Tagen der Woche einen kulinarischen Neuanfang. Schlemmen Sie vegan und vollwertig. So kommen Sie in den vollen Genuss des neuen 5:2-Programms und profitieren zusätzlich von der schlankheitsfördernden Wirkung einer veganen Ernährung, die in großen Studien nachgewiesen wurde.

Denn wer nach dem Fasten in die alten Essgewohnheiten zurückfällt, den Rest der Woche viel Zucker, Fastfood, zu viele Weißmehlprodukte, Limonadengetränke, aber auch viel Milch, Käse und Fleisch isst, macht die ausgleichende basische Wirkung der Fastenspeise zunichte und gefährdet die Säure-Basen-Balance. Mit einem vollwertigen veganen Essen sind Sie an 5 Tagen bestens mit den lebensnotwendigen Vitaminen, Mineral- und Biostoffen versorgt. Man kann deshalb davon ausgehen, dass dieser natürliche Powercocktail die gesundheitsfördernde und jung erhaltende Wirkung des 5:2-Programms verstärkt, auch wenn Sie nicht ausschließlich, aber immer öfter vegan essen.

Frisches Gemüse – große Portionen erleichtern das Abnehmen und sichern die Säure-Basen-Balance

Vegan 5:2

Auf einen Blick

Sie nehmen ab, können dabei aber an 5 Tagen in der Woche ausgiebig essen. Sie sind mit allen Nährstoffen gut versorgt und müssen nicht ständig verzichten. Es gibt keinen Jo-Jo-Effekt. Dieses Programm ist leicht durchzuhalten, alltagstauglich und flexibel. Es lässt sich auch über einen längeren Zeitraum hinweg durchführen.

2 Tage vegan fasten

- Jede Woche wird an 2 Tagen gefastet, mit ca. 500 kcal pro Tag
- Sie essen dreimal am Tag: Frühstück, Mittag- und Abendessen und müssen nicht hungern.
- Pro Woche nehmen Sie 1–2 Kilo ab
- Sie können dieses Programm längerfristig durchführen, bis zum Erreichen des Wunschgewichts
- Es gibt keinen Jo-Jo-Effekt
- 2 Tage Vegan fasten hält jeder durch.
- Flexibel fasten: zwei aufeinanderfolgende oder zwei getrennte Tage, Sie bestimmen,wann Sie fasten.
- Sie essen nur basische Naturprodukte: Gemüse, Kräuter, Kartoffeln, Früchte, Beeren. Das fördert die Säure-Basen-Balance
- Sie essen keinen Zucker
- Vegan-fasten-Rezepte sind schnell und einfach zubereitet.
- Die Fastentage fördern die Änderung der Essgewohnheiten
- Die Fastenspeisen aus natürlichen Lebensmitteln sind eine Erholung für die Geschmacksnerven.
- Sie gewinnen Zeit

5 Tage vegan genießen

- Jede Woche wird an 5 Tagen nach Herzenslust gegessen, vegan und vollwertig
- Sie müssen keine Kalorien zählen
- Der Organismus ist durch die Fastentage an kleinere Portionen gewöhnt, darum sind Sie auch an den restlichen 5 Tagen der Woche schneller satt
- Mit den Rezepten aus diesem Buch machen Sie neue kulinarische Entdeckungen

Auch wenn Sie nicht ausschließlich vegan essen, können Sie von »Vegan 5:2« profitieren. Halten Sie auf jeden Fall die zwei Vegan-fasten-Tage ein. Sie sind ideal, um gesund abzunehmen, und Sie können dabei gute Portionen essen.

Flexibel fasten bringt Erfolg

Wie es Ihnen gefällt. Vegan 5:2 ist alltagstauglich, einfach durchzuführen, passt sich an Ihren Lebensrhythmus an und bringt mehr Freizeit – auch das macht Vegan 5:2 zum idealen Langzeitprogramm.

Wann gefastet wird, bestimmen Sie

Den 5:2-Wochenrhythmus gestalten Sie im Einklang mit Ihrem Alltag. Sie können zwei Tage hintereinander fasten oder getrennte Fasttage einlegen. Am Abnehmerfolg ändert das nichts. Erfahrungsgemäß ist es einfacher, an zwei getrennten Tagen zu fasten. Einen Tag weniger essen, das kann jeder durchstehen, vor allem wenn es wie bei Vegan 5:2 angenehme Portionen von gutem Essen gibt. Bei diesem Programm gibt es keine Fastenkrise, denn bevor diese zuschlagen kann, ist der Tisch schon wieder reich gedeckt. Hilfreich ist, sich auf einen bestimmten Wochenrhythmus einzustellen. Dann gehören die Fasttage zum normalen Ablauf, und Sie müssen nicht jede Woche darüber nachdenken, wann Sie fasten wollen. Fasttage am Montag und Donnerstag sind sehr gut praktikabel. So wird das Wochenende von Freitag bis inklusive Sonntag zur Genusszone.

Es spricht nichts dagegen, den Wochenplan spontan zu ändern. Wenn Sie z. B. am Montag zum Essen eingeladen sind, wird einfach am Dienstag gefastet. Im Urlaub oder an Feiertagen können Sie das Fasten überspringen. Wichtig ist nur, dass Sie danach wieder regelmäßig zwei Fasttage einlegen.

An den Fasttagen sind drei Mahlzeiten empfehlenswert

An den veganen Fasttagen wird dreimal am Tag gegessen. Frühstück, Mittagessen und Abendessen. Insgesamt nehmen Sie an einem Fasttag 500 Kalorien zu sich. Ich beginne den Fasttag gern mit einem warmen Porridge. Die Portion sättigt, verströmt ein angenehmes Gefühl im Magen, bringt Energie, und ehe man es sich versieht, ist der halbe Fasttag schon vorbei.

Selbstverständlich können Sie auch nur zweimal am Tag essen, also beispielsweise zum Frühstück und am Abend die doppelte Portion. Erfahrungsgemäß ist das Fasten jedoch mit drei Mahlzeiten viel leichter und problemloser durchzuhalten. Vor allem in Hinblick auf eine dauerhafte Änderung der Essgewohnheiten sind drei Mahlzeiten empfehlenswert. Übergewicht entsteht auch durch unregelmäßige Essenszeiten. Den ganzen Tag nichts zu essen und am Abend viel zu viel auf einmal zu verschlingen, lässt die Jahresringe auf den Hüften wachsen. Wenn Sie an den Fasttagen die Erfahrung machen, wie angenehm es ist, regelmäßig dreimal am Tag zu essen, wollen Sie auch an den anderen Tagen nicht darauf verzichten.

Darum finden Sie im Rezeptkapitel 2 Tage vegan fasten (S. 23) auch Speisen die sich gut zum Mitnehmen eignen. Die Salatrezepte sind dafür bestens geeignet. Wenn Sie mittags gerne warm essen, können Sie die Fastensuppe einfach im Thermogefäß mitnehmen oder Gemüse und Kartoffelbeilage vor Ort aufwärmen.

Fasten und Zeit gewinnen

An den Fasttagen verbringen Sie wenig Zeit in der Küche. Das Kochen wird auf ein Minimum beschränkt. Im Kapitel vegan fasten (S. 23) finden Sie schnell und einfach zubereitete Rezepte. Diese lassen sich je nach Inhalt Ihres Kühlschranks variieren, sind ideal für die Resteverwertung und regen zu eigenen Kreationen an. Ich nutze das Fasten am Montag, um meinen Gemüsevorrat vom Wochenende aufzubrauchen. Damit entfällt auch das Einkaufen, das bringt doppelten Zeitgewinn. Der lässt sich für sportliche Aktivitäten oder entspanntes Nichtstun nutzen – sehr befreiend!

Vegan 5:2

Ein Plus für die Gesundheit

Sowohl eine vollwertige vegane Ernährung als auch das Intervallfasten fördern die Gesundheit. Werden beide zu Vegan 5:2 vereint, profitieren Sie von einem natürlichen Synergie-Effekt.

5:2-Intervallfasten schützt vor Zivilisationskrankheiten

Seit Langem sind Wissenschaftler auf der Suche nach einer Methode, die es den Menschen möglich macht, weniger zu essen – ohne ständigen Verzicht und permanentes Kalorienzählen, denn beides hat sich als nicht praktikabel erwiesen. Doch weil die Menschen immer dicker werden, drängt die Zeit. Mittlerweile sind 64 Prozent der Männer und 49 Prozent der Frauen in Deutschland übergewichtig. Die Weltgesundheitsorganisation spricht bereits von einer Epidemie, die eine Lawine von Zivilisationskrankheiten wie Diabetes oder Herz-Kreislauf-Erkrankungen auslöst. Eine bedrohliche Entwicklung, die persönliches Leid verursacht und die Finanzierbarkeit unseres Gesundheitssystems gefährdet.

Jetzt gib es einen Lichtblick: Neue Untersuchungen zeigen, dass Intervallfasten nicht nur zum Wunschgewicht verhilft, sondern auch vor Zivilisationskrankheiten schützt. Wer abwechselnd an manchen Tagen sehr wenig und an den restlichen Tagen der Woche normal isst, kann das Risiko für Herz-Kreislauf-Erkrankungen und Schlaganfall verringern. Der Wechsel von fasten und essen senkt den Cholesterinspiegel und den Blutdruck sowie die Triglyceride. Es gibt auch Hinweise darauf, dass Intervallfasten degenerativen Hirnerkrankungen wie Alzheimer oder Parkinson entgegenwirkt, das Krebsrisiko mindert und die Lebenszeit verlängert.

Runter mit dem Blutzuckerspiegel!

Auch das Risiko, an Diabetes Typ 2 zu erkranken, sinkt durch den Wechsel von Fast- und Genusstagen. Früher als Alterszucker bezeichnet, trifft diese Krankheit mittlerweile auch junge Erwachsene und Kinder. Grund dafür sind Übergewicht und ein zu hoher Konsum von Produkten mit viel Zucker und Weißmehl, die eine Insulinresistenz auslösen. Dabei kann die aus Zucker gebildete Glukose nicht mehr von den Zellen aufgenommen und gespeichert werden. Die Folge: Der Blutzuckerspiegel entgleist und bleibt krankhaft erhöht. Das Intervallfasten hingegen steigert die Insulinempfindlichkeit der Zellen, kann so den Blutzuckerspiegel natürlich regulieren und Diabetes damit vorbeugen.

Wenn zwei sich verstärken, gewinnt die Gesundheit

Allerdings geben Wissenschaftler zu bedenken, dass die Schutzmechanismen des Intervallfastens nur bei einer ausreichenden Versorgung mit Vitaminen und Mineralstoffen maximal funktionieren. Und nun tritt die vegane Ernährung auf den Speiseplan. Denn wird das Intervallfasten mit einer vollwertigen veganen Ernährung kombiniert, können sich die gesundheitsfördernden Mechanismen gegenseitig unterstützen.

Beim 5:2-Programm löst die geringere Kalorienzufuhr eine Kaskade von Reparatur- und Anti-Aging-Prozesse aus. Damit wird die Widerstandskraft der Körperzellen gegen schädigende Einflüsse gestärkt. Auch eine vollwertige vegane Ernährung trägt wesentlich zur Zellgesundheit bei. Sie liefert höchste Konzentrationen an Vitaminen, bioaktiven Pflanzenstoffen und Mineralstoffen. Diese wirken wie Zündfunken im Stoffwechsel und sorgen dafür, dass Reparatur- und Anti-Aging-Prozesse optimal ablaufen können. Man könnte dies als natürlichen Synergieeffekt zum Wohle unserer Gesundheit bezeichnen.

Vegane Ernährung – der Vitalstoffe-Weltmeister

Gesundheitsvorsorge aus der Küche und nicht aus der Apotheke: Veganes Essen fördert das Wohlbefinden messbar, das zeigen große Untersuchungen. Veganer leben länger, sind schlanker und weniger von Herzinfarkt und Rheuma betroffen. Sie haben einen niedrigeren Blutdruck sowie ein geringeres Risiko, an Diabetes Typ 2, Brust-, Dickdarm- und Prostatakrebs zu erkranken.

Nicht teure Pillen, sondern köstliche vegane Speisen fördern die Gesundheit. Natürliche, pflanzliche Lebensmittel verwöhnen uns mit schützenden Biostoffen wie beispielsweise die Beeren mit Polyphenolen, der Brokkoli mit Glucosinolaten, Kichererbsen und Naturreis mit Ballaststoffen oder der Tofu, in dem Isoflavone stecken.

Besonders gefragt im Gesundheitsschutz sind die Vitamine A, C und E. Die antioxidativ wirkenden Vitamine machen gefährliche freie Radikale unschädlich. Letztere zählen zu den größten Feinden unserer Gesundheit. Sie sind hauptverantwortlich für das Altern, beschädigen Zellwände, verhindern die Bildung intakter, neuer Zellen, erhöhen durch ihre zerstörerischen Aktivitäten das Risiko für Herz-Kreislauf-Erkrankungen, Schlaganfall und Krebs. Freie Radikale machen auch vor Hautzellen nicht halt und sind für Faltenbildung und müde Haut verantwortlich. So können wir uns etwa mit Karotten, rotem Paprika, Kürbis, Aprikosen, Petersilie, Orangen, Fenchel, Nüssen oder kalt gepressten Ölen diese starken Schutzstoffe schmecken lassen.

Kurzum: Biostoffe aus natürlichen pflanzlichen Lebensmitteln leisten großartigen Gesundheitsschutz und wirken verjüngend. Sie können davon profitieren, indem Sie öfters pflanzliche Speisen genießen.

Gut versorgt das Wunschgewicht erreichen und halten

Mit Vegan 5:2 nehmen Sie monatlich vier bis fünf Kilos ab. Da Sie mit Nähr- und Vitalstoffen gut versorgt sind und die meiste Zeit reichlich essen, können Sie dieses Programm auch über mehrere Monate problemlos durchführen, und zwar so lange, bis Sie Ihr Wunschgewicht erreicht haben. Um das Gewicht zu halten und die Gesundheit zu stärken, gestalten Sie danach den Speiseplan nach Ihren Bedürfnissen. Demnach können Sie jede Woche einen Tag oder zweimal im Monat ein bis zwei Tage pro Woche fasten. Sie werden sich auf die Fasttage freuen. Diese erleichtern nicht nur den Körper, sondern verhelfen auch zu einem klaren Kopf und beleben immer wieder mit neuer Energie.

Das angepasste Fastenprogramm ist auch gegen die schleichende Gewichtszunahme wirksam. Dieses Phänomen betrifft die meisten: Mit den Jahren werden weniger Kalorien verbraucht, darum nimmt man zu, obwohl man keine größeren Portionen isst als seit jeher. Aber das ist kein unabwendbares Schicksal: Regelmäßig einen Fasttag einlegen, und das Problem hat sich erledigt.

Unser Körper ist ein Neanderthaler

Unsere fernen Vorfahren lebten in unsicheren Zeiten, mussten Hungersnöte bewältigen, konnten aber nach geglückter Jagd oder reicher Ernte von Wildfrüchten und Wildgemüse üppig genießen. Auch in späteren Epochen und sogar bis in unsere jüngste Vergangenheit war es nicht selbstverständlich, dass es jeden Tag genug zu essen gab. So freute man sich auf die im Jahresrhythmus stattfindenden Festessen.

Unser Organismus ist durch diese Entwicklungsgeschichte auf den Wechsel von Mangel und Überfluss programmiert. Das ist möglicherweise auch ein Grund dafür, warum das Intervallfasten 5:2 gut vertragen wird, leicht umsetzbar und so erfolgreich ist.

Vegan 5:2

Plötzlich neue Essgewohnheiten

Wie steht es um den Hunger am Tag nach dem Fasten? Hat man dann richtig Riesenappetit und verspeist doppelte Portionen? Die Antwort ist klar und deutlich: Nein! Man wird im Gegenteil schon mit kleineren Portionen satt.

Vegan fasten wirkt nachhaltig auf die Portionsgrößen

Am Morgen nach dem vegan Fasten fühlt man sich nicht ausgehungert. Die Erfahrung machen viele, die mit diesem Programm erfolgreich abgenommen haben. Sie freuen sich auf die Mahlzeiten, essen aber weniger und sind schneller satt.

Der Organismus gewöhnt sich an die kleineren Portionen, die Änderung der Essgewohnheiten findet automatisch und ohne große Anstrengungen statt. Das sichert das Gewicht langfristig.

Mehr Appetit auf leichte, vitaminreiche Speisen

Müsli mit Früchten und Beeren, Salate, Suppen- und Hauptgerichte aus Gemüse und Kartoffeln – an den Fasttagen kommen Sie auf den Geschmack frisch zubereiteter vitalstoffreicher Speisen. Gewürzt wird mit reichlich frischen Kräutern, und auf pappig Zuckersüßes wird verzichtet. So können sich die empfindlichen Geschmacksknospen erholen.

Sie gewöhnen sich wieder an das feine Aroma natürlicher Gerichte ohne Geschmacksverstärker, industriell erzeugte Aromen und versteckte Fette und wollen auch an den restlichen fünf Tagen der Woche auf diesen reinen Genuss nicht mehr verzichten.

So ändern sich durch Vegan 5:2 auch die Vorlieben beim Essen, und Sie sind bereit für neue gesunde, kulinarische Entdeckungen, auch das hält ein Leben lang schlank!

Essen statt naschen

Einzelne Fasttage mit drei Hauptmahlzeiten sind ein wirksames Mittel gegen das Naschen, eine Hauptursache für Übergewicht. Wir leben in einem permanenten Esszustand: Ein kleiner, als gesund angepriesener Müsli-Riegel hat 300 Kalorien, ein trendiger Schoko-Cupcake samt Karamell-Kaffee punktet mit 700 Kalorien auf der Waage. Asia-Nudeln, Pizzen, und Wraps sind mit viel Fett dabei, und im Supermarkt werden die Regale mit Snacks – ob pikant oder süß – immer länger. Diese im Stehen und Gehen konsumierten Zwischenmahlzeiten machen nicht nur durch ihren hohen Kaloriengehalt dick. Sie verführen dazu, ständig zu essen, unabhängig davon, ob man wirklich hungrig ist.

Vegane Fasttage unterbrechen die Snackeritis. Man gewöhnt sich an regelmäßige Mahlzeiten. Sie haben mehr Energie, wenn der Magen nicht ständig angefüllt ist. Auch ein leichtes Hungergefühl muss keine Panik auslösen und nicht sofort durch einen Snack zum Verschwinden gebracht werden. Trinkt man ein Glas Wasser oder Zitronenwasser (ohne Zucker), ist der Hunger weg. Sie werden die Erfahrung machen, dass es sich gut anfühlt, nicht den ganzen Tag lang satt zu sein.

Aber nicht nur die Essgewohnheiten, sondern auch die Kochpraxis ändern sich. An den Fasttagen machen Sie die Erfahrung, wie schnell, einfach und gut man mit frischem Gemüse kochen kann. Das inspiriert auch an den restlichen Wochentagen zu neuen Rezeptkreationen.

Wichtige Zutaten für die schlanke Küche: >>Foodtruck<< für den Gemüseeinkauf

Scharfes Messer für das perfekte Schneiden von Karotten & Co.

Mörser für bestes Gewürzaroma

Vegan, vollwertig, natürlich, gut

Da lacht das Herz, und der Magen freut sich. Die Liste der Grundzutaten für vollwertige, vegane Gerichte ist riesig und abwechslungsreich. Damit lässt sich vortrefflich kochen: Gemüse, Früchte und Kräuter im Einklang mit der Jahreszeit; von der Kichererbse bis hin zu Wachtelbohne und sämtlichen Hülsenfrüchten dieser Welt; klassische Sojaprodukte wie Sojadrink, Tofu und Miso, Getreide vom heimischen Dinkel bis zu Quinoa, dem Inkakorn, dazu eine Vielfalt an knackigen Nüssen und aromatischen Samen.

Vitamine, Mineralstoffe und sekundäre Pflanzenstoffe

So unterschiedlich diese Naturprodukte auch aussehen oder schmecken, sie haben eines gemeinsam: Sie sind die Toplieferanten für aufbauende und schützende Vitalstoffe. Nicht nur Gemüse, Früchte und Kräuter, auch Hülsenfrüchte, Getreide, Nüsse und Samen versorgen uns mit Vitaminen, Mineralstoffen und sekundären Pflanzenstoffen.

Getreide und Hülsenfrüchte bringen z.B. die gefragten B-Vitamine auf den Tisch. Wir brauchen sie dringend für eine widerstandsfähige gesunde Haut und ein optimal funktionierendes Nervensystem. Eisen für die Blutbildung, Zink für die Wundheilung, für ein starkes Immunsystem und für den Fettabbau gehören zum Mineralstoff-Cocktail, mit dem Linsen, Bohnen, Naturreis, Gerste & Co. unser Wohlbefinden stärken.

Sofort bemerkbar machen sich die wertvollen Ballaststoffe aus Hülsenfrüchten und Getreide. Sie fördern sanft die Verdauung und binden Schadstoffe. Damit diese sekundären Pflanzenstoffe ihre Aufgabe erfüllen können, müssen sie im Darm stark aufquellen und brauchen dafür ausreichend Flüssigkeit. Auch darum sollten Sie pro Tag mindestens 1,5 Liter Flüssigkeit zu sich nehmen, am besten Wasser, Zitronenwasser (ohne Zucker) und ungesüßte Kräutertees.

Gut verwertbares, leichtes Eiweiß

Hülsenfrüchte, Getreide, Vollkornprodukte, Kartoffeln und Sojaprodukte wie Sojadrink, Sojajoghurt oder Tofu versorgen den Körper mit hochwertigem, gut verwertbarem Eiweiß, dem Baustoff für Muskeln, Zellen und immunkräftestärkenden Enzymen. Kombinieren Sie verschiedene eiweißreiche Pflanzenprodukte z.B. Hülsenfrüchte und Getreide, also Linseneintopf und Vollkornbrot oder Kartoffeln und Sojaprodukte, wie Bratkartoffeln mit würzigem Räuchertofu, dann funktioniert der Muskelaufbau auch für Sportler ganz natürlich.

Pflanzliche Eiweißlieferanten haben einen großen Vorteil: Im Gegensatz zu ihren tierischen Kollegen sind sie fettarm und cholesterinfrei.

Komplexe Kohlenhydrate halten schlank

Vollkorngetreide, Vollkornprodukte und Hülsenfrüchte sind das Herzstück der vollwertigen veganen Ernährung. Sie enthalten nicht nur gut verwertbares Eiweiß und jede Menge Vitalstoffe, sondern auch die so dringend benötigten komplexen Kohlenhydrate. Diese »guten« Kohlenhydrate brauchen wir, um fit, munter und gut gelaunt durchs Leben zu gehen. Komplexe Kohlenhydrate aus naturbelassenen Lebensmitteln werden nur langsam aufgespalten und sorgen für einen gleichbleibenden Energiefluss. Dadurch bleibt der Blutzuckerspiegel konstant, und die gefürchteten Heißhungerattacken bleiben aus. Ideal zum Schlankbleiben sind mit wenig Fett zubereitete, herzhaft gewürzte Speisen aus Vollkorngetreide und Hülsenfrüchten, zum Beispiel der mexikanische Bohneneintopf (S. 98) oder der Spinat-Kichererbsen-Salat (S. 80).

Gesundes Fett ist cholesterinfrei

Nüsse und Samen samt den daraus hergestellten Ölen und Nuss-Musen bringen gesundes Fett in vegane Speisen. Alle miteinander sind sie cholesterinfrei und schützen mit mehrfach ungesättigten Fettsäuren und Vitamin E vor Herzinfarkt, Schlaganfall und Krebs.

> ### Zucker und Weißmehl machen dick
>
> Produkte aus Weißmehl und Industriezucker enthalten die »schlechten« Kohlenhydrate. Diese werden bei der Verdauung schnell aufgespalten. Das lässt den Blutzuckerspiegel stark ansteigen und führt zu einer erhöhten Ausschüttung von Insulin. Dieses Hormon ist für den Fetteinbau zuständig. Enthalten Weißmehl- und Zuckerprodukte auch noch viel Fett – was häufig der Fall ist – so wird Letzteres unverzüglich in immer größer werdenden Fettzellen abgelagert. Der Blutzuckerspiegel fällt auch rasch wieder ab, nun drohen die gefürchteten Heißhungerattacken und das Ich-esse-Zuckerprodukte-und-werde-davon-dick-Spiel geht von Neuem los.

Diese fruchtigen Süßspeisen schmecken ohne Zucker

Schoko-Bananen-Nuss-Eis mit Kardamom (S. 114), Mango-Mandel-Creme (S. 120) oder knusprige Apfelkrapfen (S. 124) – die süßen Rezepte in diesem Buch, ob kalt oder warm, gerührt oder gebacken, haben eines gemeinsam: Sie sind ohne Zucker zubereitet – und schmecken trotzdem oder gerade deshalb. Sie sind mit reifen Früchten, Beeren und Trockenfrüchten zubereitet. Deren natürliche Süße ist eingebettet in ein feines Aromabouquet, das nur die Natur in dieser Vollendung hervorbringen kann. Reife Aprikosen schmecken nicht nur süß, sondern unverwechselbar und unwiderstehlich »aprikosisch«. Das Gleiche gilt für Erdbeeren, Pfirsiche, Mangos, Äpfel und Birnen – einfach für die gesamte Früchtevielfalt. Auch getrocknete Früchte verströmen geschmackvolle Süße in Cremes, warmen Getreidespeisen und Kuchen. Vervollständigt wird der natürliche süße Geschmack durch Zimt, Kardamom und Vanille, die Lieblingsgewürze der Dessert- und Kuchenküche.

Vegan in der Säure-Basen-Balance

Mit einem vollwertigen veganen Essen ist es ein Leichtes, in der Säure-Basen-Balance zu bleiben. Ein ausgeglichener Säure-Basen-Haushalt fördert das Wohlbefinden, schützt vor Osteoporose, stärkt die Abwehrkräfte und hilft sogar gegen Cellulite. Mengenmäßig verspeisen Sie überwiegend basische Naturprodukte: Gemüse, Früchte, Kräuter, Kartoffeln und Sojaprodukte. Diese erzeugen bei ihrer Verstoffwechselung einen großen Basenüberschuss. Damit wird die schwache Säurebildung aus eiweißreichen Hülsenfrüchten und Vollkornprodukten neutralisiert.

Unter www.saeure-basen-forum.de finden Sie einen Säure-Basen-Rechner, mit dem Sie überprüfen können, ob eine Mahlzeit ausgeglichen ist.

Lesen von Zutatenlisten hält schlank

Nicht alles, was vegan daherkommt, ist auch gesund. Auch ein rein pflanzliches Essen kann zu viel Zucker, zu viele Weißmehlprodukte und zu viel Fett enthalten. Als Puddingveganismus wird eine einseitige, vitalstoffarme Ernährung bezeichnet, die auf die Dauer der Gesundheit nicht förderlich ist und die schlanke Linie gefährdet.

Bei veganen Convenience-Produkten gibt es beträchtliche Qualitätsunterschiede. Lesen Sie beim Einkauf die Zutatenlisten samt Kalorienangaben und bevorzugen Sie Bioprodukte.

Vegan 5:2

2 Tage vegan fasten – Pläne für 7 Wochen

Pro Woche legen Sie 2 Fasttage ein – mit ca. 500 kcal pro Tag.
Sie können an zwei aufeinander folgenden oder an zwei getrennt liegenden Tagen fasten.

Das steht täglich auf dem Speiseplan

Frühstück mit ca.150 kcal

Sie können wählen zwischen: Müsli mit Früchten, Porridge mit Früchten, Gemüse-Getreide-Suppen (alle Rezepte S. 26–35)

Zwei Hauptmahlzeiten

Einmal am Tag gibt es eine große Portion Suppe mit ca. 100 kcal.
Bei der zweiten Hauptmahlzeit mit ca. 250 kcal können Sie zwischen verschiedenen Kombinationen wählen:

- Gemüsegericht, 150 g Kartoffeln und kleiner Beilagensalat
- Gemüsegericht und 200 g Kartoffeln
- Gemüse-Kartoffel-Gericht und kleiner Beilagensalat
- Großer Salat und 200 g Kartoffeln

Mittags oder abends, wann Sie Gemüsegericht, Salat oder Suppe essen, bestimmen Sie selbst, ganz wie es Ihnen bekommt und in Ihren Tagesablauf passt (alle Rezepte S. 36–73).

Reichlich trinken

Zum Durstlöschen reichlich Wasser, ungesüßte Kräutertees warm und kalt, Zitronenwasser ohne Zucker warm und kalt. Auf Kaffee, grünen oder schwarzen Tee ohne Milch und Zucker müssen Sie nicht verzichten.

1. Woche

Tag 1
Blumenkohl-Lauch-Suppe (S. 56)
und Fenchel mit Pilzen und Karotten (S. 70), 150 g gedämpfte Kartoffeln, kleiner Salat (S. 36)

Tag 2
Zucchini-Pastinaken-Suppe (S. 53)
und geschmorte Gewürz-Tomaten (S. 64), Folienkartoffeln (S. 42)

2. Woche

Tag 1
Karottensuppe mit Frühlingszwiebeln (S. 51)
und Brokkoli gedämpft im Kartoffelbett (S. 70), kleiner Salat (S. 36)

Tag 2
Limettenwürzige Kürbissuppe (S. 54)
und Grüne Bohnen mit Tomatensoße (S. 71), 150 g gedämpfte Kartoffeln, kleiner Salat (S. 36)

3. Woche

Tag 1
Spinat-Kohlrabi-Suppe mit viel Petersilie (S. 56)
und Zitronen-Zucchini mit Basilikum und Rucola, Süßkartoffel-Wedges (S. 60)

Tag 2
Paprikacremesuppe mit Champignons (S. 54)
und Kräuter-Kohlrabi mit Kartoffelstampf (S. 65), kleiner Salat (S. 36)

4. Woche

Tag 1

Spargel-Champignon-Suppe (S. 48)
und Kartoffelsalat mit Gazpacho-Dressing (S. 47)

Tag 2

Wirsingsuppe mit 5 Gewürzen (S. 58)
und aus dem Wok: Pilze, Karotten und Sprossen, aromatische Kartoffelspalten (S. 66))

5. Woche

Tag 1

Alles-Wurzel-Suppe (S. 57)
und Geschmorter Kürbis mit Apfel-Tomaten-Salsa (S. 62), 150 g gedämpfte Kartoffel

Tag 2

Blitzschnelle Tomaten-Kartoffel-Cremesuppe (S. 53)
und Tomaten-Gurken-Salat mit mariniertem Räuchertofu (S. 40), Ofenkartoffeln (S. 41)

6. Woche

Tag 1

Champignons-Topinambur-Suppe (S. 58)
und Spargel mit Petersilien-Lauch-Soße (S. 68) und 200 g gedämpfte Kartoffeln

Tag 2

Gemüsecremesuppe mit 100 kcal (S. 52)
und Frühlingssalat mit Radieschen, Sprossen und Kräutern (S. 42), Folienkartoffeln (S. 42)

7. Woche

Tag 1

Spinat-Kohlrabi-Suppe mit viel Petersilie (S. 56)
und Blumenkohl mit leichter Sauce à la Béchamel (S. 69), 150 g gedämpfte Kartoffeln

Tag 2

Gemüsecremesuppe mit 100 kcal (S. 52)
und Zucchini-Karotten-Salat mit Kräuter-Senf-Dressing (S. 42), Ofenkartoffeln (S. 41)

Speiseplan für die Fasttage flexibel gestalten

Vegan 5:2 ist ein längerfristiges Abnehmprogramm. Darum sollten Sie es für sich so angenehm wie möglich gestalten. Wenn Sie das Fasten ganz selbstverständlich in Ihren Alltag einbauen, werden Sie damit Erfolg haben.

Halten Sie sich an meine 2-Tages-Pläne, wenn es Ihnen den Einstieg erleichtert. Ändern Sie aber ganz locker den vorgegebenen Fastenplan, wenn Sie die Zutaten für ein anderes Rezept im Kühlschrank haben. Dann sparen Sie die Zeit fürs Einkaufen.

Oder lassen Sie sich bei der Auswahl der Fastenrezepte vom Genuss leiten. Blättern Sie das Rezeptkapitel durch und kochen Sie an den ersten zwei Fasttagen die Rezepte, die Sie am meisten ansprechen.

Auch wichtig: Sprechen Sie mit Ihrem Arzt, wenn Sie regelmäßig Medikamente einnehmen, in ärztlicher Behandlung oder unsicher sind, ob Sie dieses Programm durchführen können. Bitte beachten Sie: Kinder dürfen nicht fasten!

Vegan 5:2

5 Tage vegan genießen – Inspirationen

Hier finden Sie Anregungen für zweimal 5 Tage vegan genießen. Sie können diese mit den 2-Tage-vegan-fasten-Vorschlägen (S. 18–19) kombinieren und haben so ein Essprogramm für zwei Wochen.

5 Tage vegan genießen

Tag 1

Steinpilz-Gemüse-Ragout mit Seitan (S. 102), Naturreis und bunter Salat*, als Dessert Mango-Mandel-Creme mit Granatapfel und Feigen (S. 120)
und Quinoa-Salat mit zweierlei Tomaten, Oliven und Nüssen (S. 81)

Tag 2

Salat mit Melone, Heidelbeeren und Minze-Vinaigrette (S. 76), Kokos-Curry-Nudelsuppe mit Pilzen und Spinat (S. 94)
und Vollkornbaguette mit gebratenem Sandwich-Tofu (S. 78), Rosa Dip (S. 78), Tomaten, Gurken und Zwiebelringen

Tag 3

Andalusischer Kichererbsen-Eintopf mit Kürbis (S. 97) dazu Vollkornbrot, als Dessert Maroni-Apfel-Creme mit Vanille (S. 118)
und Glasnudelsalat mit Mandarinen, Tofu und Zitrusdressing (S. 87)

Tag 4

Blumenkohl in Walnusssoße mit Kapern (S. 109) dazu Hirse und bunter Salat*, als Dessert Birne Helene mit Schokosoße (S. 123)
und Flammkuchen mit Lauch und pikantem Räuchertofu (S. 110) dazu bunter Salat *

Tag 5

Spaghetti mit Paprika und Tomaten aus dem Ofen (S. 100) dazu bunter Salat*, als Dessert Bratapfel mit Bananen-Kokos-Creme (S. 119)
und Spinat-Kichererbsen-Salat mit Minze (S. 80) dazu Vollkornbaguette mit Paprika-Tomaten-Tapenade (S. 84)

Entspannter Genuss

Ich würde Ihnen eine lockere Gestaltung des 5-Tage-vegan-genießen-Speiseplans vorschlagen. Denn dabei geht es um den reinen Genuss und der kann ziemlich beeinträchtigt werden, wenn man nach einem fixen Plan kochen muss und dadurch in Stress kommt. Lassen Sie sich von meinen Vorschlägen für ein Mittag- und Abendessen inspirieren und kochen Sie dann nach Ihrem Appetit, Ihrer Zeit und dem Inhalt des Kühlschranks.

Mir ist es ein Anliegen zu zeigen, wie vielfältig und abwechslungsreich die vollwertige vegane Küche sein kann. Dieses Essen kommt auch bei einem festlichen Dinner gut an. Darum finden Sie bei diesen Plänen auch aufwendigere Menüvorschläge.

Auf Kalorienangaben habe ich bewusst verzichtet, es reicht, wenn Sie sich an den zwei Vegan-fasten-Tagen damit beschäftigen. Genießen Sie meine Rezepte nach Herzenslust! Sie werden sich leicht und energiegeladen fühlen. Vorschläge für Frühstück, Einladungen zu Kaffee und Kuchen sowie kleine Mahlzeiten finden Sie auf Seite 74.

Der Jo-Jo-Effekt wird ausgeschaltet

Mit Vegan 5:2 hat der Jo-Jo-Effekt keine Chance. Denn das Intervallfasten verhindert Prozesse im Organismus, die das Dickwerden nach Diäten auslösen. Um das Überleben zu sichern, macht unser Gehirn jeden vierten Tag einen Sicherheitscheck. Dabei wird überprüft, ob wir genug essen. Ist der vierte Tag ein Diät-Tag, wird diese eingeschränkte Kalorienaufnahme als bedrohliche Hungersnot wahrgenommen. Um das Überleben zu sichern, schlägt das Gehirn Alarm und schaltet auf ein Notprogramm. Dessen schwere Folgen sind bekannt: Die aufgenommene Nahrung wird besonders gut verwertet, es werden weniger Kalorien verbrannt und neue Fettpolster angelegt, besonders wenn man nach der Diät wieder unausgewogen isst.

Da beim Vegan-5:2-Programm aber nur maximal zwei Tage am Stück gefastet wird, kommt der Überprüfungsmechanismus überhaupt nicht zum Einsatz und der Jo-Jo-Effekt findet nicht statt.

5 Tage vegan genießen

Tag 1

Nussige Blumenkohl-Topinambur-Suppe (S. 92), Spargelragout mit Frühlingsgemüse und Pilzen (S. 108), Erbsenpüree mit Minze (S. 108), als Dessert Schoko-Nuss-Bananen-Eis mit Erdbeer-Orangen-Soße (S. 114)

und Crostini mit Kürbis-Miso-Aufstrich (S. 86) und Pilz-Kräuter-Aufstrich (S. 86) dazu ein bunter Salat *

Tag 2

Herzhafte Tomatensuppe mit Cashew-Knoblauch-Creme (S. 96) und Croûtons, als warmes, süßes Hauptgericht Nektarinen-Orangen-Grits mit Zimt und Kardamom (S. 122)

und Nudelsalat mit Brokkoli und Pesto-Dressing (S. 82)

Tag 3

Spinat-Erbsen-Suppe mit Minze (S. 92), Karotten in aromatischer Aprikosen-Kokos-Soße (S. 112), dazu Quinoa und ein bunter Salat*

und Rote-Bete-Kartoffel-Aufstrich mit Meerrettich (S. 84) auf Vollkornbrot dazu Radieschen und als Dessert Rote Grütze mit Vanille-Zimt-Creme (S. 119)

Tag 4

Herzhafte Tofuburger (S. 106), Salat von grünen Bohnen (S. 106) und Vollkornfladenbrot, als Dessert Ananas aus dem Backofen (S. 127)

und Salat mit Pfifferlingen und Aprikosen (S. 76) dazu Crostini mit herzhaftem Pesto (S. 90)

Tag 5

Penne mit Auberginen, Tomaten und Oliven (S. 99) dazu ein bunter Salat*, als Dessert Mandarinen-Ananas-Gelée mit Vanille-Nuss-Dip (S. 116)

und Florentiner Suppentopf mit Steinpilzen und Pesto (S. 90) dazu Vollkornbrot

---

* Dieser Salat ist eine bunte Mischung aus saisonalem Blattsalaten und Gemüse. Er wird mit einem einfachen Essig-Öl-Dressing oder Ihrem Lieblingsdressing mariniert.

2 Tage
Vegan fasten

Abnehmen und schlank bleiben – einfache Rezepte schnell gekocht

Minimale Kalorienanzahl, maximaler Genuss. Sie werden eine erstaunliche Erfahrung machen, denn obwohl Sie nur 500 Kalorien pro Tag zu sich nehmen, müssen Sie nicht hungern, sondern werden sich auf ein frisch gekochtes Essen aus natürlichen Zutaten freuen.

Abwechslungsreich, flexibel und alltagstauglich

Sie essen dreimal am Tag. Frühstück mit 150, Mittagessen mit 250 und Abendessen mit 100 Kalorien. Speisepläne finden Sie auf Seite 18–19. Sie können die Fasttage auch individuell je nach Appetit, Zeit, Saison und Inhalt ihres Kühlschranks gestalten.

Zum Frühstück empfehle ich Porridge. Die warme Getreidespeise macht angenehm satt, und Sie halten gut gestärkt bis zum Mittagessen durch. Letzteres wird flexibel gestaltet. Sie wählen zwischen Gemüsegericht und Kartoffelbeilage oder Gemüse-Kartoffel-Speise beides hat ca. 200 Kalorien. Wenn Sie Appetit auf Rohkost haben, gibt es dazu knackigen Salat. Dieser hat nur 50 Kalorien, trotzdem ist die Portion groß. Sie können aber statt dem Salat auch die Kartoffelbeilage um 70 Gramm erhöhen.

Am Abend wird Suppe aufgetischt, mindestens ein halber Liter pro Portion. Trotzdem verspeisen Sie mit dieser großen Schüssel Fastensuppe nur 100 Kalorien. Gemüsesuppe füllt den Magen, wärmt von innen, und Sie haben das angenehme Gefühl, auch an Fasttagen gut versorgt zu sein. Selbstverständlich können Sie die Suppe auch mittags essen und die Gemüse-Kartoffel-Kombi als letzte Mahlzeit des Tages – ganz wie es Ihnen bekommt.

Das vegane Fasten funktioniert zu jeder Jahreszeit und in jeder Situation. Im Sommer, oder wenn es schnell gehen muss, schmeckt auch ein großer Salat als Hauptgericht. Ist es draußen kalt, oder Sie haben absolut keine Zeit zum Kochen, wird zweimal am Tag Suppe aufgetischt.

Expressrezepte sparen Zeit

Die neuen Rezepte sind schnell und einfach zubereitet. Sie brauchen dafür keine ausgefallenen Zutaten. Ich habe für die Vegan-fasten-Tage auch einige Grundrezepte entwickelt: z.B. Apfel-Porridge mit Vanille (S. 28), Salat mit Schnittlauch-Zitronen-Dressing (S. 36), Gemüsecremesuppe mit 100 Kalorien (S. 52) oder Kräuter-Kohlrabi mit Kartoffelstampf (S. 65). Diese lassen sich leicht variieren, sind bestens zur Verwertung kleiner Gemüsereste geeignet und sorgen dafür, dass Sie an Fasttagen so wenig Zeit wie möglich in der Küche verbringen. Denn je öfter Sie ein Rezept zubereiten, umso flotter geht es von der Hand.

Das richtige Kochgeschirr hält schlank

Die Vegan-fasten-Rezepte werden mit sehr wenig Öl zubereitet. Für einen optimalen Kocherfolg sollten Sie beschichtete oder gusseiserne Pfannen und Töpfe verwenden. Darin klebt und brennt nichts an, und Sie kommen in den vollen Genuss der frisch zubereiteten Gemüsegerichte. Auch ein scharfes Messer ist empfehlenswert. Sie werden viel Gemüse schneiden, mit einem scharfen Messer geht das deutlich schneller und macht auch mehr Spaß. Investieren Sie in ein gutes Messer, es lohnt sich. Mein Lieblingsmesser und den dazugehörigen Schleifstein habe ich auf einem Handwerksmarkt gekauft. Es ist aus Damaszenischem Stahl, nicht sehr groß, liegt gut in der Hand und begleitet mich schon seit vielen Jahren.

Vorkochen, einfrieren, mitnehmen

Suppe ist die ideale Fastenspeise, darum gleich einen großen Topf davon kochen und portionsweise einfrieren. Damit gewinnen Sie noch mehr Zeit an den Fasttagen. Nutzen Sie den Sommer für die Fastensuppenproduktion, wenn erntefrisches Gemüse aus der Region preisgünstig ist. Dann sparen Sie Geld und gewinnen Geschmack. Bereiten Sie zur Abwechslung in der warmen Jahreszeit die Tomaten-Kartoffel-Cremesuppe mit sonnengereiften Tomaten zu – am besten gleich einen ordentlichen Vorrat für den Winter. Da ich nur einen kleinen Tiefkühlschrank habe, friere ich die Suppen in Gefrierbeuteln und nicht in Dosen ein. So wird Platz gespart.

Auch der Einkauf von tiefgekühltem Gemüse macht das Kochen einfacher. Am praktischsten ist sortenreines Gemüse. Sie können für die Fastenrezepte kombiniert werden. Tiefgekühltes Gemüse wird vor dem Kochen nicht aufgetaut und hat meist kürzere Garzeiten, als auf der Packung angegeben wird. Lesen Sie beim Einkauf von tiefgekühltem Gemüse die Zutatenliste. In der Packung sollte nur Gemüse sein, kein Fett, keine Gewürze und kein Salz. Empfehlenswert ist auch bei Tiefgekühltem die Bio-Qualität.

Wenn Sie morgens zwar Appetit auf eine warme Getreidespeise, aber keine Lust zum Kochen haben, bereiten Sie einen großen Topf Porridge zu und frieren es portionsweise ein. Am Morgen müssen Sie dann nur die am Vortag aufgetaute Portion aufkochen lassen, die frischen Früchte schneiden und untermischen. Porridge schmeckt auch mit Beeren. Wenn Sie tiefgekühlte Beeren gefroren in das heiße Porridge mischen, sind sie im Nu aufgetaut.

Salate, Suppen und Gemüsegerichte eignen sich gut zum Mitnehmen. Damit fällt das vegane Fasten auch unterwegs oder in der Mittagspause leicht. Warme Speisen können im Thermogefäß transportiert oder wenn möglich im Job in der Teeküche aufgewärmt werden. Beachten Sie aber bitte: Gemüse zum Mitnehmen kürzer kochen. Damit es nicht durch das Aufwärmen und Warmhalten zu weich wird.

Würzige Fastenspeisen

Die Fastenrezepte enthalten kaum Fett, darum sind die Portionen groß. Trotzdem sind die superleichten Speisen lecker. Zu verdanken ist dies reichlich frischen Kräutern und gekonnt kombinierten, am besten frisch gemörserten Gewürzen. Sie machen das Fasten ganz natürlich schmackhaft. Bio-Zitronenschale und frischer Ingwer fein geraspelt oder gehackt sowie Zitronensaft verstärken den frischen Geschmack der Fastenspeisen. Mit reichlich frischem Dill bringen Sie z. B. ein neues Aroma in die Kohlrabi mit Kartoffelstampf (S. 65). Eine Prise Chili macht Kürbis mit Apfel-Tomaten-Salsa (S. 62) feurig mexikanisch. Abwechslungsreich gewürzt schmecken die Grundrezepte bei jedem Mahl neu. Aromatisieren Sie etwa die cremige Sauce à la Béchamel mit einer Currymischung, dann gewinnen Sie auch optisch eine neue Speise.

Zucker gefährdet das Abnehmen

Finger weg vom Zucker! Er ist eine ernste Gefahr für den Abnehmerfolg. An den Fasttagen lassen schon kleinste Mengen Zucker den Blutzuckerspiegel Achterbahn fahren und verursachen Heißhunger. Wenn überhaupt, lassen sich diese Attacken nur mit großem Energieaufwand kontrollieren. Auf jeden Fall wird das Fasten sehr anstrengend und kaum auszuhalten. Schade, denn eigentlich ist so ein veganer Fasttag (ohne Zucker) ganz locker zu bewältigen. Darum finden Sie in meinem Buch keinen Zucker auf der Zutatenliste. Aber aufgepasst: Zucker lauert auch in Getränken und das in hoher Konzentration. An Fasttagen sollten Sie mindestens 1,5 Liter Flüssigkeit trinken. Löschen Sie Ihren Durst mit Wasser und ungesüßten Kräutertees. Denn bereits ein Glas Limo, Cola oder aromatisiertes Mineralwasser löst Heißhungerattacken aus.

Rühren Sie auch keinen Zucker in den Kaffee oder Tee. Ein großes Glas Zitronenwasser (ungesüßt) hilft, wenn Sie Durst haben oder zwischendurch leichten Hunger verspüren, und kurbelt gleich mit viel Vitamin C die Fettverbrennung an.

Porridge mit Melone, Himbeeren und Leinsamen

Für 2 Portionen

40 g Haferflocken
200 ml Wasser
200 ml Sojadrink, ungesüßt oder
    Mandelmilch, ungesüßt (siehe S. 29)
1 TL frischer Ingwer, gehackt
½ TL Zimt
¼ TL Kardamom, zerstoßen
100 g Zuckermelone, kleine Stücke
80 g Himbeeren
1 TL Leinsamen, geschrotet

Am Vorabend die Haferflocken mit 200 ml Wasser vermischen, zudecken und kalt stellen.

Am Morgen die Haferflocken mit Ingwer, Zimt und Kardamom würzen und in einem kleinen Topf im Einweichwasser zum Kochen bringen. 5 Minuten köcheln lassen, bei Bedarf noch etwas Wasser untermischen.

Sojadrink unterrühren, weitere 5 Minuten köcheln lassen.

Melone untermischen. Portionsweise anrichten, mit Himbeeren und Leinsamen bestreut servieren.

Pro Portion 146 kcal, 7 g E, 4 g F, 19 g KH

Trauben-Birnen-Porridge mit geschrotetem Hafer

Für 2 Portionen

40 g Hafer, geschrotet
300 ml Wasser
½ TL Zimt
½ TL Vanille, gemahlen
200 ml Sojadrink, ungesüßt oder
    Mandelmilch, ungesüßt (siehe S. 29)
80 g süße, saftige Birne, grob geraspelt
2 TL Zitronensaft
80 g Trauben

Am Vorabend den Hafer mit 300 ml kaltem Wasser vermischen, zudecken und kalt stellen.

Am Morgen den gequollenen Hafer mit Zimt und Vanille würzen und in einem kleinen Topf im Einweichwasser, zum Kochen bringen. 10 Minuten köcheln lassen, ab und zu umrühren, bei Bedarf noch etwas Wasser untermischen.

Sojadrink unterrühren, 5 Minuten köcheln lassen. Birnen und Zitronensaft untermischen. Porridge einen Moment erhitzen. Trauben untermischen.

Pro Portion 157 kcal, 6 g E, 4 g F, 25 g KH

Geschroteter Hafer schmeckt fein nussig

Sie können jedes Porridge mit fein geschrotetem Hafer zubereiten, allerdings müssen Sie dabei berücksichtigen, dass der Hafer eine etwas längere Garzeit hat und mit mehr Wasser gekocht wird.

Apfel-Porridge mit Zimt – ein Grundrezept

Für 2 Portionen

40 g Hafer-, Dinkel- oder
　　Gerstenflocken
200 ml Wasser
½ TL Zimt
½ TL Natur-Vanille, gemahlen
200 ml Sojadrink oder
　　Mandelmilch, ungesüßt (siehe S. 29)
160 g saftiger, säuerlicher Apfel,
　　grob geraspelt

Am Vorabend die Haferflocken mit 200 ml kaltem Wasser vermischen, zudecken und kalt stellen.

Am Morgen die Haferflocken mit dem Einweichwasser, Zimt und Naturvanillepulver in einem kleinen Topf zum Kochen bringen. 5 Minuten köcheln lassen, bei Bedarf noch etwas Wasser untermischen.

Sojadrink unterrühren, weitere 3 Minuten köcheln lassen. Apfel untermischen. Porridge einen Moment erhitzen und sofort servieren.

Pro Portion 150 kcal, 6 g E, 4 g F, 22 g KH

Tipp

Dieses Grundrezept können Sie auch mit geraspelten Birnen, klein geschnittenen Zwetschgen, Aprikosen, Pfirsichen und Mango zubereiten

Ein Frühstück ohne Zucker hilft beim Abnehmen

Ein wärmendes und sättigendes Fasten-Porridge wird mit ungesüßtem Soja-drink (Sojamilch) oder ungesüßter Mandelmilch zubereitet. So wird verhindert, dass bereits am Vormittag das Fasten durch heimtückische Heißhungerattacken erschwert oder gar gestoppt wird.

Die Anleitung zur einfachen Herstellung von Sojamilch ganz traditio-nell nur aus Bio-Sojabohnen und Wasser finden Sie auf meiner Website: www.elisabeth-fischer.com

Da Mandelmilch ohne Zucker schwer zu finden ist, gibt es auf der Seite links ein Rezept zum blitzschnellen Mixen von Mandelmilch – ganz natürlich nur aus Wasser und reinem Mandelmus. Letzteres finden Sie in Naturkostgeschäften, Reformhäusern und gut sortierten Supermärkten. Selbstverständlich können Sie das Porridge auch mit Reis- oder Hafermilch zubereiten. Aber auch diese soll-ten zum Schutz ihres Abnehmerfolgs zuckerfrei sein! Achten Sie beim Einkauf auf die Zutatenliste.

Mandelmilch ohne Zucker – in 30 Sekunden

Für 1 Liter

1 Liter kaltes Wasser
60 g Mandelmus, 100 % rein

Mit dem Mixstab oder im Mixglas aus Wasser und Mandelmus einen glatten, schneeweißen Drink mixen.

Pro 100 ml 40 kcal, 1 g E, 4 g F, 1 g KH

Selbstgemixte Mandelmilch ohne Zucker sichert den Abnehmerfolg

Smoothie mit Spinat, Gurke und Melone

Für 2 Gläser
20 g Getreideflocken
   (Hafer, Hirse, Reis, Dinkel)
200 ml Wasser
50 g junger Spinat
200 g Zuckermelone oder
   Birne, kleine Stücke
200 g Gurke, kleine Stücke
1 TL frische Minze, gehackt
1 EL Zitronensaft
1 TL Leinsamen, geschrotet

Getreideflocken am Vorabend mit 200 ml Wasser vermischen und kalt stellen.

Am Morgen Getreideflocken in der Einweichflüssigkeit mit allen Zutaten im Mixglas oder mit dem Mixstab zu einem glatten Smoothie pürieren.

Pro Portion 101 kcal, 4 g E, 2 g F, 17 g KH

Karotten-Apfel-Smoothie mit Flocken

Für 2 Portionen
20 g Getreideflocken
   (Hafer, Hirse, Reis, Dinkel)
100 ml Wasser
200 g saftiger, säuerlicher Apfel,
   geraspelt
400 ml Karottensaft
¼ TL Zimt
1 EL Zitronensaft

Getreideflocken am Vorabend mit 100 ml Wasser vermischen und kalt stellen.

Am Morgen mit dem Mixstab oder im Mixerglas aus Getreideflocken in der Einweichflüssigkeit und allen Zutaten einen glatten Drink mixen.

Pro Portion 99 kcal, 5 g E, 1 g F, 18 g KH

Mehr Frucht
Dieser Smoothie schmeckt auch mit Birnen, Aprikosen und Pfirsichen!

Rote-Bete-Kokoswasser-Smoothie mit Birne

Für 2 Gläser

20 g Getreideflocken (Hafer,
Hirse, Reis, Dinkel, Quinoa)
100 ml Wasser
1 TL Chiasamen
250 ml Rote-Bete-Saft
250 ml Kokoswasser
80 g Birne, kleine Stücke
2 EL Orangensaft
½ TL frischer Ingwer, gehackt

Getreideflocken am Vorabend mit 100 ml Wasser vermischen und kalt stellen.

Am Morgen die Chiasamen mit den Getreideflocken vermischen und kurz ziehen lassen.

Getreideflocken in der Einweichflüssigkeit im Mixglas oder mit dem Mixstab mit den restlichen Zutaten zu einem glatten Smoothie mixen.

Pro Portion 144 kcal, 5 g E, 2 g F, 27 g KH

Heidelbeer-Aprikosen-Müsli

Für 2 Portionen

40 g Haferflocken (Reis-, Dinkel-,
Hirse-, Gerstenflocken)
100 ml Wasser
½ TL Zimt
½ TL Vanille, gemahlen
200 ml Sojajoghurt, natur
80 g Aprikosen, kleine Stücke
80 g Heidelbeeren

Am Vorabend die Haferflocken mit 100 ml kaltem Wasser vermischen, zudecken und kalt stellen.

Am Morgen Haferflocken im Einweichwaser mit Zimt, Vanille und Sojajoghurt glatt rühren. Aprikosen und Heidelbeeren untermischen.

Pro Portion 107 kcal, 3 g E, 2 g F, 19 g KH

Noch mehr Pflanzenpower

1 TL Chiasamen oder 1 TL geschroteter Leinsamen mit süßen und pikanten Müslis vermischen und kurz ziehen lassen.

Ananas-Granatapfel-Müsli mit Kardamom

Für 2 Portionen

40 g Haferflocken (Reis-, Dinkel-,
    Hirse-, Gerstenflocken)
100 ml Wasser
½ TL Zimt
zerstoßene Samen aus
    3 Kardamom-Kapseln
200 ml Sojajoghurt, natur
Kerne aus ½ Granatapfel
80 g Ananas, kleine Stücke

Am Vorabend die Haferflocken mit 100 ml kaltem Wasser vermischen, zudecken und kalt stellen.

Am Morgen die Haferflocken im Einweichwasser mit Zimt, Kardamom und Sojajoghurt glatt rühren. Granatapfelkerne und Ananas untermischen.

Pro Portion 128 kcal, 3 g E, 2 g F, 15 g KH

Müsli mit aromatischen Früchten der Saison

Müsli schmeckt das ganze Jahr. Verwenden Sie dafür die reifen Früchte der Saison, also Pfirsiche, Aprikosen, Melonen und Beeren im Sommer, im Winter Äpfel, Birnen, Orangen, Ananas, Mango und Granatapfel.

Pikantes Müsli mit Tomaten und Basilikum

Für 2 Portionen

40 g Haferflocken (Reis-, Dinkel-,
    Hirse-, Gerstenflocken)
100 ml Wasser
3 Tomaten, kleine Würfel
200 g Gurke, sehr kleine Würfel
½ Bund Basilikum, fein gehackt
1 Frühlingszwiebel, feine Ringe
2 TL Zitronensaft
2 TL Leinsamen, geschrotet
Salz
Pfeffer

Am Vorabend die Haferflocken mit 100 ml kaltem Wasser vermischen, zudecken und kalt stellen.

Am Morgen die Haferflocken im Einweichwasser mit Tomaten, Gurken, Basilikum, Frühlingszwiebeln, Zitronensaft und Leinsamen vermischen, mit Salz und Pfeffer abschmecken.

Pro Portion 147 kcal, 7 g E, 4 g F, 21 g KH

Frühstückssuppe mit Karotten

Für 2 Portionen

40 g Haferflocken (Reis, Hirse oder
    Dinkelflocken)
1 Prise Muskatnuss, frisch gerieben
600 ml Gemüsebrühe (Gemüsesuppe)
1 TL Liebstöckel
2 Pimentkörner, zerstoßen
250 g Karotten, grob geraspelt
2 TL Zitronensaft
1 Frühlingszwiebel (Jungzwiebel),
    feine Ringe
2 EL Petersilie, fein gehackt

Getreideflocken und Muskat in einem beschichteten Topf unter Rühren kurz anrösten. Mit Gemüsebrühe aufgießen, Liebstöckel und Piment dazugeben. Suppe im offenen Topf ca. 10 Minuten köcheln lassen.

Karotten untermischen. Frühstückssuppe nur einen Moment erhitzen. Zitronensaft, Frühlingszwiebeln und Petersilie untermischen.

Pro Portion 113 kcal, 4 g E, 2 g F, 20 g KH

Guten-Morgen-Grieß-Suppe mit Gemüse

Für 2 Portionen

30 g Weizen-, Dinkel- oder Maisgrieß
1 Prise Muskatnuss, frisch gerieben
½ TL Koriandersamen, zerstoßen
600 ml Gemüsebrühe (Gemüsesuppe)
1 Lorbeerblatt
150 g Lauch, feine Streifen
100 g Sellerie, grob geraspelt
2 EL Petersilie, fein gehackt

Grieß, Muskat und Koriander in einem kleinen beschichteten Topf unter Rühren kurz anrösten. Mit Gemüsebrühe aufgießen, mit Lorbeer würzen. Suppe 10 Minuten köcheln lassen.

Lauch und Sellerie untermischen, Suppe weitere 5 Minuten köcheln lassen, Petersilie untermischen.

Pro Portion 83 kcal, 4 g E, 1 g F, 14 g KH

Herzhafte Frühstückssuppen
Es muss nicht immer fruchtig sein Suppen mit Gemüse, Getreide und Kräutern sorgen für einen energiereichen Start in den Tag.

Congee – chinesische Frühstückssuppe

Für 2 Portionen

80 g gekochter Naturreis
700 ml Gemüsebrühe (Gemüsesuppe)
1 TL frischer Ingwer, fein gehackt
300 g Gemüse (Karotten, Sellerie,
    Lauch, Brokkoli), fein geschnitten
2 TL Sojasoße
2 Frühlingszwiebeln (Jungzwiebeln),
    feine Ringe

Naturreis mit Gemüsebrühe und Ingwer zum Kochen bringen. 15 Minuten köcheln lassen.

Gemüse untermischen. Suppe weitere 4 Minuten köcheln lassen, mit Sojasoße abschmecken, mit Frühlingszwiebeln bestreuen.

Pro Portion 88 kcal, 4 g E, 1 g F, 15 g KH

Suppe mit Tradition

In China ist diese angenehme, magenschmeichelnde Suppe sehr beliebt und wird gerne am Morgen gegessen.

Praktische Vorratshaltung
So wird die Frühstückssuppe zum Blitzrezept: Einfach eine größere Menge Naturreis vorkochen und portionsweise einfrieren.

Schnell kochen mit tiefgekühltem Gemüse
Kochen Sie diese Frühstückssuppen auch mit tiefgekühltem Gemüse, dann bleibt der Arbeitsaufwand gering. Verwenden Sie aber nur sortenreines Gemüse wie z. B. Karotten oder bunte Gemüsemischungen. Achten Sie darauf, dass in der TK-Verpackung nur Gemüse drin ist und nicht auch noch Geschmacksverstärker und Fett.

Salat mit Schnittlauch-Zitronen-Dressing

Für 2 Portionen

100 g Blattsalat (Kopfsalat, Endivien,
   junger Spinat)
1 Karotte, kleine Würfel oder geraspelt
1 rote oder orange Paprikaschote,
   feine Streifen
1 kleine rote Zwiebel, feine Ringe

Für das Dressing

100 ml kalte Gemüsebrühe
   (Gemüsesuppe)
2 EL Zitronensaft
4 EL Schnittlauch, feine Röllchen

Blattsalate, Karotten, Paprika und Zwiebel in eine Schüssel geben.

Für das Dressing Gemüsebrühe, Zitronensaft und Schnittlauch verrühren. Salat und Gemüse mit dem Dressing vermischen.

Pro Portion 51 kcal, 3 g E, 1 g F, 8g KH, 0 mg Chol

Der kleine Salat als Beilage an den Fasttagen

Auch an den Fasttagen müssen Sie nicht auf Salat als Beilage verzichten. Allerdings sollte der kleine Salat nur ca. 50 kcal haben. Das ist durchaus zu schaffen, denn Blattsalate und Gemüse sind echte Leichtgewichte. Bleibt also noch das Dressing. Das wird für den kleinen Salat als Beilage ausnahmsweise ohne Öl zubereitet. Trotzdem schmeckt es, dank einer Extraportion frischer Kräuter.

Kleiner Salat – Grundrezept mit ca. 50 Kalorien

Für 2 Portionen
100 g Blattsalat
   (Kopfsalat, Endivien, Radicchio, Feldsalat, Rucola)
300 g frisches Gemüse, fein geraspelt oder klein geschnitten
   (Gurke, Tomaten, Paprika, Karotten,Kohlrabi, Fenchel, Sellerie,
   Rote Bete, Zucchini)

Für das Dressing
Schnittlauch-Zitronendressing (siehe oben)
oder
Gurken-Kräuter-Dressing (siehe S. 38)
oder
Tomaten-Basilikum-Dressing (siehe S. 38)

Gurken-Kräuter-Dressing

Für 2 Portionen

100 g Gurke, grob geraspelt
5 EL kalte Gemüsebrühe
2 EL Zitronensaft
4 EL frische Kräuter, gehackt
    (Petersilie, Minze, Basilikum)
Salz, Pfeffer

Mit dem Mixstab aus Gurken, Gemüsebrühe, Zitronensaft und Kräutern ein Dressing mixen. Dressing mit Salz und Pfeffer abschmecken.

Pro Portion 19 kcal, 1 g E, 0 g F, 3 g KH, 0 mg Chol

Tomaten-Basilikum-Dressing

Für 2 Portionen

100 g reife Tomaten, Stücke
3 EL kalte Gemüsebrühe
1–2 EL Zitronensaft
3 EL frisches Basilikum,
    fein geschnitten
1 Knoblauchzehe, fein gehackt
Salz, Pfeffer

Mit dem Mixstab Tomaten, Gemüsebrühe und Zitronensaft fein pürieren. Basilikum und Knoblauch mit dem Rührlöffel untermischen, dann schmeckt der Knoblauch nicht so scharf. Dressing mit Salz und Pfeffer abschmecken.

Pro Portion 19 kcal, 1 g E, 0 g F, 3 g KH, 0 mg Chol

Abwechslung auch beim Fastendressing

Bio-Zitronenschale und frischer Ingwer, Koriander- und Fenchelsamen, Muskatnuss, Sojasoße, getrocknete Kräuter wie Oregano und Thymian bringen Abwechslung in das Fastendressing und sorgen dafür, dass auch der Fastensalat immer wieder anders gut schmeckt.

Tipp

Bereiten Sie gleich die doppelte Portion Dressing für beide Fasttage vor. Wenn Sie ihr Essen zur Arbeit mitnehmen, Dressing und Salat getrennt verpacken und erst kurz vor dem Essen vermischen. Wenn Sie wenig Zeit haben, können Sie auch nur das Dressing einpacken, in der Kantine am Salatbuffet einen kleinen Teller mit 50 g Blattsalaten und 150 g rohem Gemüse (nicht mariniert!) zusammenstellen und mit dem mitgebrachten Dressing vermischen.

Streetfood - Salat mit
Gurken-Kräuter-Dressing für unterwegs

Dressing extra
einpacken!

Tomaten-Gurken-Salat mit mariniertem Räuchertofu

Für den Tofu

1 EL Dijon-Senf
2 EL Sojasoße
1 TL provençalische Kräuter (Basilikum, Thymian, Oregano, Rosmarin)
80 g geräucherter Tofu, sehr kleine Würfel

Für den Salat

300 g Tomaten, kleine Würfel
200 g Gurken, kleine Würfel
Salz
1 EL Apfelessig
1 TL Olivenöl
1 Knoblauchzehe, fein gehackt
3 EL frische Kräuter (Petersilie, Basilikum, Minze), gehackt
Pfeffer

Für die Marinade Dijon-Senf und Sojasoße glatt rühren. Provençalische Kräuter unterrühren. Geräucherten Tofu mit der Marinade vermischen und durchziehen lassen.

Viel Dressing, wenig Kalorien: Tomaten und Gurke mit wenig Salz vermischen, etwas durchziehen lassen, dabei bildet sich reichlich Saft.

Tomaten, Gurken, Apfelessig, Olivenöl, Kräuter, Knoblauch, frische Kräuter und den marinierten Räuchertofu vermischen.

Pro Portion 116 kcal, 8 g E, 5 g F, 8 g KH, 0 mg Chol

Das 250-Kalorien-Hauptgericht: großer Salat mit Kartoffeln

Salate sind schnell zubereitet und ideal zum Mitnehmen.
Salatrezepte mit ca. 100 kcal (S. 40–46) kombinieren mit:
- Folienkartoffeln (S.42)
- Knusprigen Ofenkartoffeln (S. 41)
- Süßkartoffel-Wedges (S. 60)
- Pro Portion 200 g gedämpften Kartoffeln

Salate mit 250 kcal
Italienischer Salat (S. 46). Kartoffelsalat mit Gazpacho-Dressing (S. 47) und Kartoffelsalat mit Sellerie und Endivien (S. 47).

Zucchini-Karotten-Salat mit Kräuter-Senf-Dressing

Für 2 Portionen
200 g Karotten, grob geraspelt
250 g Zucchini, grob geraspelt
2 EL Schnittlauch, fein geschnitten

Für das Dressing
150 ml kalte Gemüsebrühe
50 g kalte, gekochte Kartoffeln,
  kleine Stücke
4 EL frische Kräuter, gehackt
2 EL Zitronensaft
1–2 TL Dijon-Senf
Salz, Pfeffer

Karotten, Zucchini und Schnittlauch in eine Schüssel geben.

Mit dem Mixstab aus Gemüsebrühe, Kartoffeln, Kräutern, Zitronensaft und Senf ein glattes Dressing mixen.

Dressing mit Salz und Pfeffer abschmecken. Karotten, Zucchini und Schnittlauch mit dem Dressing vermischen.

Pro Portion 105 kcal, 4 g E, 3 g F, 14 g KH, 0 mg Chol

Tipps

Strahlend pink: Die Gute-Laune-Variante
Das bringt Farbe in den Fasttag: je 200 g fein geraspelte Rote Bete und Karotten mit dem Kräuter-Senf-Dressing vermischen.

Passt zu Blumenkohl und Brokkoli
400 g kleine Brokkoli- oder Blumenkohlröschen über Wasserdampf bissfest garen, mit 3 EL Zitronensaft und Salz würzen, abkühlen lassen, portionsweise mit dem Kräuter-Senf-Dressing anrichten.

Der Kühlschrank schreibt das Rezept
Das Kräuter-Senf-Dressing passt auch zu Kohlrabi, Rettich, Bleichsellerie, Fenchel, Gurke oder Tomate. Dieses Dressing ist auch ideal zur Verwertung kleiner und kleinster Gemüsereste.

Knusprige Ofenkartoffeln
Für 2 Portionen 400 g kleine Bio-Kartoffeln längs halbieren. Backofen auf 200 °C (Umluft 180 °C) vorheizen. Backblech mit Papier belegen. Kartoffeln nebeneinander darauf setzen (Schnittfläche nach oben), leicht salzen. Kartoffeln im vorgeheizten Ofen ca. 20 Minuten garen.

Frühlingssalat mit Radieschen, Sprossen und Kräutern

Für 2 Portionen

250 g Radieschen, feine Stifte
250 g Gurke, kleine Würfel
2–3 EL Zitronensaft
Salz
1 TL Öl
2 Frühlingszwiebeln (Jungzwiebeln),
    feine Ringe
4 EL Alfalfa- oder Radieschensprossen
1 Handvoll frische Kräuter (Brunnen-
    kresse, Petersilie, Minze, Basilikum,
    Kerbel, Rucola, Gartenkresse)

Radieschen, Gurke, Zitronensaft sowie Salz vermischen und alles etwas Saft ziehen lassen.

Erst kurz vor dem Essen Öl, Frühlingszwiebeln und Kräuter untermischen. Salat mit Zitronensaft, Salz und Pfeffer abschmecken.

Pro Portion 88 kcal, 3 g E, 3 g F, 11 g KH, 0 mg Chol

Kräuter blättchenweise

Frische Kräuter, die 1A-Lieferanten für Vitamine und sekundäre Pflanzenstoffe, sind stark basenbildend. Darum öfters ganze Kräuterblättchen in den Salat mischen – das ist gesund und schmeckt hervorragend.

Folienkartoffeln

Für 2 Portionen

2 große Biokartoffeln (à 200 g)
Alufolie

Backofen auf 200 °C (Umluft 180 °C) vorheizen. Kartoffeln in Alufolie wickeln, im vorgeheizten Ofen ca. 45 Minuten braten.

Kartoffeln aufschneiden, mit dem Frühlingssalat füllen.

Pro Portion 140 kcal, 4 g E, 0,2 g F, 30 g KH, 0 mg Chol

Abwechslungsreiche Füllungen

Prima geeignet zum Füllen von Folienkartoffeln sind auch der Spinatsalat mit Karotten und Sprossen (S. 44), Feldsalat mit Fenchel und Champignons (S. 44) und der Auberginen-Tomaten-Salat (S. 45).

Spinatsalat mit Karotten und Sprossen

Für 2 Portionen

1 TL Öl
1 Knoblauchzehe, fein gehackt
200 g Karotten, feine Stifte oder
    grob geraspelt
½ TL frischer Ingwer, fein gehackt
60 g Sojasprossen (Mungsprossen)
1 EL Sojasoße
200 g junger Spinat
2–3 EL Zitronensaft
2 Frühlingszwiebeln (Jungzwiebeln),
    feine Ringe
Salz, Pfeffer

Öl in einer kleinen Pfanne erhitzen. Knoblauch, Karotten und Ingwer darin kurz unter Rühren braten. Sprossen untermischen, einen Moment unter Rühren erhitzen. Sojasoße untermischen, kurz erhitzen.

In einer Schüssel Spinat mit heißen Karotten und Sprossen sowie mit Frühlingszwiebeln und Zitronensaft vermischen. Salat mit Salz und Pfeffer abschmecken.

Pro Portion 102 kcal, 6 g E, 3 g F, 11 g KH, 0 mg Chol

Was tun mit großen, festen Spinatblättern?

Große Spinatblätter mit wenig Salz in einen großen Topf geben, zugedeckt bei guter Hitze in 2 Minuten zusammenfallen und in einem Sieb abtropfen lassen. Spinat in Stücke schneiden, mit Karotten, Sprossen, Frühlingszwiebeln und Zitronensaft vermischen.

Feldsalat mit Fenchel und Champignons

Für 2 Portionen

200 g Feldsalat
1 Fenchelknolle, feine Streifen
2–3 EL Zitronensaft
100 ml Gemüsebrühe
4 EL frische Kräuter (Petersilie,
    Basilikum, Koriandergrün), fein
    gehackt
1 TL Olivenöl
200 g Champignons, dünne Scheiben
2 Frühlingszwiebeln (Jungzwiebeln),
    feine Ringe
Salz, Pfeffer

Feldsalat und Fenchel portionsweise anrichten. Zitronensaft, Gemüsebrühe und Kräuter verrühren.

Öl in einer beschichteten Pfanne erhitzen. Champignons darin unter Rühren kurz braten, mit Salz und Pfeffer würzen.

Champignons auf den Salat geben. Dressing auf dem Salat verteilen, Frühlingszwiebeln darüber streuen.

Pro Portion 90 kcal, 7 g E, 3 g F, 7 g KH, 0 mg Chol

Auberginensalat mit Salsa-Dressing

Für 2 Portionen

300 g Auberginen
Salz
300 g Tomaten, kleine Stücke
1 Knoblauchzehe, fein gehackt
1 kleine Zwiebel, fein gehackt
2 EL Apfelessig
1 TL Olivenöl
Salz, Pfeffer
4 EL frische Kräuter (Koriandergrün,
     Basilikum, Minze, Petersilie), fein
     geschnitten

Backofen auf 180 °C (Umluft 160 °C) vorheizen.

Auberginen mit dem Spargelschäler schälen, in 8 mm dünne Scheiben schneiden (mit der Brotschneidemaschine geht das ganz einfach).

Backblech mit Backpapier belegen, Auberginen nebeneinander darauf legen, im vorgeheizten Ofen 10 Minuten braten, umdrehen und weitere 8–10 Minuten braten. Auberginen in dünne Streifen schneiden.

Tomaten, Knoblauch, Zwiebeln, Essig, Öl, Salz und Pfeffer vermischen. Tomaten etwas Saft ziehen lassen.

Auberginen mit der Salsa vermischen, mit Salz und Pfeffer abschmecken, etwas durchziehen lassen. Kurz vor dem Essen die frischen Kräuter untermischen.

Pro Portion 106 kcal, 4 g E, 6 g F, 9 g KH, 0 mg Chol

Salat der schönen Gärtnerin mit Kapern-Vinaigrette

Für die Vinaigrette

150 g kalte Gemüsebrühe
1 EL Zitronensaft
1 EL Apfelessig
1 TL Olivenöl
2 TL Kapern, fein gehackt
1 TL Bio-Zitronenschale, fein gehackt
2 Frühlingszwiebeln (Jungzwiebeln),
     feine Ringe

Für den Salat

400 g tiefgekühlte Gemüsemischung
Salz
Pfeffer
4 EL Petersilie, fein gehackt

Gemüsebrühe, Zitronensaft, Apfelessig und Olivenöl verrühren. Kapern, Zitronenschale und Frühlingszwiebeln untermischen.

Gemüsemischung zugedeckt über Wasserdampf in einem Siebeinsatz bissfest dämpfen.

Das heiße Gemüse mit dem Dressing vermischen und etwas durchziehen lassen, Petersilie untermischen. Salat mit Salz, Pfeffer und Zitronensaft abschmecken.

Pro Portion 110 kcal, 6 g E, 4 g F, 12 g KH, 0 mg Chol

Italienischer Salat – die federleichte Variante

Für 2 Portionen

500 ml Gemüsebrühe
300 g feste Kartoffeln, kleine Würfel
400 g tiefgekühlte Gemüsewürfel
     (z. B. Karotten, Kohlrabi, Sellerie)
3 EL Zitronensaft
2 EL Apfelessig
Salz, Pfeffer
2 Essiggurken, kleine Würfel
½ Zwiebel, fein gewürfelt
1 Kräuter-Senfdressing (S. 41)
3 EL Schnittlauchröllchen

Gemüsebrühe zum Kochen bringen. Kartoffeln darin 5 Minuten köcheln. Gemüse dazugeben, kurz köcheln lassen, bis das Gemüse bissfest ist. Gemüse und Kartoffeln abgießen, abtropfen lassen. (Gemüsebrühe auffangen und für Suppe verwenden.)

100 ml Gemüsebrühe, Zitronensaft, Apfelessig und Öl verrühren. Gemüse und Kartoffeln damit vermischen, abkühlen lassen.

Gemüse-Kartoffel-Salat, Essiggurken, Kräuter-Senfdressing und Schnittlauch vermischen. Salat mit Salz, Pfeffer und Zitronensaft abschmecken.

Pro Portion 231 kcal, 9 g E, 4 g F, 38 g KH, 0 mg Chol

Kartoffelsalat mit Gazpacho-Dressing

Für 2 Portionen

400 g festkochende Kartoffeln
½ Zwiebel, fein gehackt
150 ml warme Gemüsebrühe
    (Gemüsesuppe)
2–3 EL Apfelessig
1 TL Öl
1 Prise Muskatnuss, frisch gerieben
1 TL Liebstöckel
Salz, Pfeffer
1 rote Paprikaschote, sehr kleine Würfel
200 g Gurke, sehr kleine Würfel
200 g Tomaten, sehr kleine Würfel
1 Knoblauchzehe, fein gehackt
1–2 EL Zitronensaft
Salz, Pfeffer

Kartoffeln in der Schale weich dämpfen, abziehen, in dünne Scheiben schneiden. Die noch warmen Kartoffeln mit Zwiebeln, Gemüsebrühe, Apfelessig und Öl vermischen. Kartoffelsalat mit Muskat, Liebstöckel, Salz und Pfeffer würzen und etwas durchziehen lassen.

Kartoffelsalat mit Paprika. Gurken, Tomaten und Knoblauch vermischen. Salat mit Zitronensaft, Essig, Salz und Pfeffer abschmecken.

Pro Portion 229 kcal, 7 g E, 4 g F, 40 g KH, 0 mg Chol

Kartoffelsalat mit Sellerie und Endivien

Für 2 Portionen

400 g festkochende Kartoffeln
200 ml warme Gemüsebrühe
    (Gemüsesuppe)
2–3 EL Apfelessig
2 TL Senf
1 TL Öl
Muskat
1 Zwiebel, fein gehackt
Salz, Pfeffer
200 g Sellerie, fein geraspelt
200 g Endiviensalat, sehr feine Streifen
Salz, Pfeffer

Kartoffeln in der Schale weich dämpfen, abziehen, in dünne Scheiben schneiden.

Gemüsebrühe, Apfelessig, Senf, Öl und Muskat verrühren. Kartoffeln und Zwiebeln mit dem Dressing vermischen, mit Salz und Pfeffer abschmecken, durchziehen lassen (der Salat ist jetzt leicht suppig).

Kurz vor dem Essen Kartoffelsalat zuerst mit Sellerie vermischen, dann den Endiviensalat untermischen. Salat mit Zitronensaft, Apfelessig, Salz und Pfeffer abschmecken.

Pro Portion 227 kcal, 9 g E, 4 g F, 37 g KH, 0 mg Chol

Minestrone mit Basilikum

Für 2 Portionen

1 TL Olivenöl
½ Zwiebel, fein gehackt
2 Knoblauchzehen, fein gehackt
1 l Gemüsebrühe (Gemüsesuppe)
1 Lorbeerblatt
½ TL Oregano
½ TL Thymian
100 g Karotten, dünne Scheiben
100 g Sellerie, dünne Streifen
100 g Brokkoli, kleine Röschen
100 g Zucchini, dünne Scheiben
150 g Tomate, abgezogen, Stücke
Salz, Pfeffer
1 Bund Basilikum, fein geschnitten

Olivenöl in einem beschichteten Topf erhitzen. Zwiebel und Knoblauch darin zuerst glasig dünsten, dann unter Rühren kurz braten.

Mit Gemüsebrühe aufgießen, mit Lorbeer, Oregano und Thymian würzen. 10 Minuten zugedeckt köcheln lassen.

Karotten und Sellerie dazugeben, ca. 6 Minuten weiter köcheln lassen. Brokkoli dazugeben, 3 Minuten weiter köcheln lassen. Zucchini und Tomaten untermischen. Die Suppe noch 4 Minuten weiter köcheln lassen, mit Salz und Pfeffer abschmecken. Basilikum untermischen.

Pro Portion 103 kcal, 6 g E, 3 g F, 12 g KH, 0 mg Chol

Spargel-Champignon-Suppe

Für 2 Portionen

400 g weißer Spargel
1 l Gemüsebrühe (Gemüsesuppe)
1 Stück Bio-Zitronenschale (2 x 3 cm)
100 g festkochende Kartoffeln, kleine Stücke
2 Frühlingszwiebeln (Jungzwiebeln), feine Ringe
1 Prise Muskatnuss, frisch gerieben
½ EL Zitronensaft
1 TL Öl
100 g Champignons, dünne Scheiben
Salz, Pfeffer
½–1 EL Zitronensaft
3 EL Petersilie, fein gehackt

Spargel gut schälen, die harten Enden abschneiden. Spargel in 2 cm große Stücke schneiden.

Gemüsebrühe mit Zitronenschale zum Kochen bringen. Kartoffeln, Jungzwiebeln sowie Muskat dazugeben und 7 Minuten köcheln lassen. Die Kartoffeln sollen fast weich sein.

Spargel und Zitronensaft untermischen, zugedeckt ca. 6 Minuten weiter köcheln lassen. Der Spargel soll leicht bissfest sein.

Öl in einer beschichteten Pfanne erhitzen. Pilze darin unter Rühren kurz braten, mit Salz und Pfeffer würzen, in die Suppe rühren. 2 Minuten köcheln lassen, mit Petersilie bestreuen, mit Zitronensaft, Salz und Pfeffer abschmecken.

Pro Portion 115 kcal, 7 g E, 3 g F, 14 g KH, 0 mg Chol

Natur pur – Instant-Gemüsebrühe selbstgemacht

Für ca. 20 Liter Suppe

10 EL Öl
4 Zwiebeln, fein gehackt
8 Knoblauchzehen, fein gehackt
8 EL Sojasoße
1 Prise Muskatnuss, frisch gerieben
4 TL Koriandersamen, zerstoßen
12 Pimentkörner, zerstoßen
6 TL frischer Ingwer, fein gehackt
2 TL Bio-Zitronenschale, fein gehackt
2 TL Kurkuma, gemahlen
4 TL Liebstöckel
4 TL Basilikum
½ TL Pfeffer
600 ml Selleriesaft
6 TL Salz
200 g Karotten, sehr kleine Stücke
200 g g Sellerie, sehr kleine Stücke
200 g Petersilienwurzel,
    sehr kleineStücke
200 g Lauch, feine Streifen

5 ÖL in einer beschichteten Pfanne erhitzen. Zwiebeln darin weich dünsten.

Knoblauch, Sojasoße, Muskat, Koriander, Piment, Ingwer, Zitronenschale, Curcuma. Liebstöckel, Basilikum und Pfeffer dazugeben. Alles unter Rühren kurz erhitzen.

Zwiebelmischung, Selleriesaft, restliches Öl und Salz im Mixglas oder mit dem Mixstab fein pürieren.

Karotten, Sellerie, Petersilienwurzel und Lauch durch den Fleischwolf drehen.

Zwiebel-Sellerie-Püree und Gemüse im Mixglas oder mit dem Mixstab zu einer Paste verarbeiten.

Suppenbasis in Gläser füllen und einfrieren.

Für 1 l Suppe brauchen Sie ca. 80 g Suppenbasis.

Rezept auf Wunsch meiner Leserinnen

Immer wieder fragen mich Leserinnen nach einer Anleitung für selbstgemachte Suppenbasis – hier mein Rezept. Selbstverständlich können Sie alle Suppenrezepte auch mit Instant-Gemüsebrühe (am besten ohne Geschmacksverstärker) aus dem Supermarkt oder dem Naturkostgeschäft zubereiten.

Karottensuppe mit Frühlingszwiebeln

Für 2 Portionen
800 ml Gemüsebrühe
1 Prise Muskatnuss, frisch gerieben
1 Stück-Bio-Zitronenschale
50 g Kartoffeln, sehr kleine Würfel
300 g Karotten, dünne Scheiben
1 TL Zitronensaft
1 TL Öl
4 Frühlingszwiebeln (Jungzwiebeln),
    dünne Ringe
Salz
4 EL Petersilie, fein gehackt

Gemüsebrühe mit Muskat und Zitronenschale zum Kochen bringen. Kartoffeln und Karotten dazugeben, zugedeckt ca. 10 Minuten köcheln lassen. Die Kartoffeln sollen gut weich sein. Zitronensaft untermischen, Suppe mit dem Mixstab fein pürieren.

Öl in einer beschichteten Pfanne erhitzen. Frühlingszwiebeln darin unter Rühren kurz braten, leicht salzen. Frühlingszwiebeln und Petersilie unter die Suppe mischen.

Pro Portion 105 kcal, 3 g E, 3 g F, 15 g KH, 0 mg Chol

Sizilianische Kohlsuppe

Für 2 Portionen
1 TL Olivenöl
½ Zwiebel, fein gehackt
3 Knoblauchzehen, fein gehackt
800 ml Gemüsebrühe (Gemüsesuppe)
1 TL Basilikum
1 TL Thymian
1 TL Oregano
1 Lorbeerblatt
100 g Kartoffeln, kleine Stücke
150 g Weißkohl (Kraut), feine Streifen
1 Tomate, abgezogen, Stücke
½ Bund Basilikum, fein geschnitten

Olivenöl in einem beschichteten Topf erhitzen. Zwiebeln darin bei milder Hitze zuerst glasig dünsten, dann unter Rühren goldgelb braten. Knoblauch dazugeben, kurz unter Rühren anrösten.

Mit Gemüsebrühe aufgießen, mit Basilikum, Thymian, Oregano und Lorbeer würzen. Suppe zugedeckt 5 Minuten köcheln. Kartoffeln, Kraut und Tomaten dazugeben. Suppe zugedeckt 15 Minuten köcheln. Basilikum untermischen.

Pro Portion 109 kcal, 4 g E, 3 g F, 16 g KH, 0 mg Chol

Gemüsecremesuppe mit 100 Kalorien

Für 2 Portionen

1 l Gemüsebrühe (Gemüsesuppe)
100 g Kartoffeln, kleine Stücke
2 Frühlingszwiebeln (Jungzwiebeln),
    dünne Ringe
1 TL Öl
1 Prise Muskatnuss, frisch gerieben
300 g Gemüse, kleine Stücke
Salz, Pfeffer
4 EL frische Kräuter, fein gehackt

Gemüsebrühe mit Kartoffeln, Frühlingszwiebeln, Öl, und Muskat zum Kochen bringen und zugedeckt 10 Minuten köcheln lassen.

Gemüse dazugeben, ca. 7 Minuten weiter köcheln lassen, bis das Gemüse bissfest ist.

Suppe mit dem Mixstab fein pürieren, mit Salz und Pfeffer abschmecken, mit Petersilie bestreuen.

Pro Portion 100 kcal, 4 g E, 3 g F, 13 g KH, 0 mg Chol

Die 100 kcal Gemüsesuppe – unendlich viele Variationen

Dieses Grundrezept können Sie ganz nach Appetit, Lust, Laune und Inhalt des Kühlschranks variieren – so gibt es an den Fasttagen immer neue Kreationen, und Sie brauchen kein Süppchen zweimal auslöffeln.

Gemüse für die 100-Kalorien-Suppe
Karotten, Kohlrabi, Sellerie als Knolle und Stängel, Rote Bete, Zucchini, Kürbis, Paprika, Fenchel, Spinat, Mangold, Wirsing, Kohl, Blumenkohl, Brokkoli, Pilze, Lauch, Pastinaken, Topinambur, Petersilienwurzel, Schwarzwurzel, Spargel. Ideal sind auch tiefgefrorene Gemüsemischungen, achten Sie aber darauf, dass sich in der Packung wirklich nur das reine Gemüse befindet, kein Fett und keine Geschmacksverstärker.

Bei der Zubereitung beachten: Harte Gemüse zuerst in den Topf
Wenn Sie die Suppe mit verschiedenen Gemüsesorten zubereiten wollen, kommt zuerst das harte Gemüse wie Karotten, Sellerie oder Rote Bete in den Topf. Erst wenn dieses bissfest ist, wird auch das Gemüse mit kürzerer Garzeit wie Blumenkohl, Brokkoli oder Zucchini untergemischt. Blattgemüse wie Spinat kommt ganz zum Schluss in den Topf und wird nur einen Moment sanft gekocht. Durch diese Nacheinander-Methode bleiben das feine Gemüsearoma und auch die wertvollen Vitamine und Bio-Stoffe erhalten.

Frische Kräuter für die 100-Kalorien-Suppe
Petersilie, Basilikum, Dill, Oregano, Koriandergrün, Schnittlauch, Minze, Kerbel, Bärlauch. Tiefgekühlte Kräuter und Kräutermischungen bringen auch in der kalten Jahreszeit Sommerfeeling in die Suppe.

Kartoffeln machen die Suppe cremig
In die Suppe kommen immer Kartoffeln. Die tollen Knollen machen die Suppe angenehm cremig und sind dabei praktisch fettfrei.

Blitzschnelle Tomaten-Kartoffel-Cremesuppe

Für 2 Portionen

400 ml Gemüsebrühe (Gemüsesuppe)
200 g Kartoffeln, kleine Stücke
1 TL Olivenöl
2 Frühlingszwiebeln, feine Ringe
1 TL Basilikum
1 Prise Muskatnuss, frisch gerieben
400 g geschälte Tomaten, Stücke (auch
    aus dem Glas oder aus der Dose)
Salz, Pfeffer
4 EL frische Kräuter, gehackt

Gemüsebrühe mit Kartoffeln, Olivenöl, Frühlingszwiebeln, Basilikum und Muskat zum Kochen bringen. Zugedeckt 10 Minuten köcheln lassen, bis die Kartoffeln gut weich sind.

Tomaten unterrühren. Suppe weitere 3 Minuten köcheln lassen und mit dem Mixstab fein pürieren. Mit Muskat, Salz und Pfeffer abschmecken. Suppe mit frischen Kräutern bestreuen.

Pro Portion 106 kcal, 3 g E, 3 g F, 16 g KH, 0 mg Chol

Zucchini-Pastinaken-Suppe

Für 2 Portionen

800 ml Gemüsebrühe (Gemüsesuppe)
200 g Pastinaken, kleine Stücke
1 TL Öl
1 Knoblauchzehe, gehackt
1 Stück Bio-Zitronenschale
    (2,5 x 2,5 cm)
300 g Zucchini, kleine Stücke
4 Frühlingswiebeln, feine Ringe
1 TL Liebstöckel
3 EL Petersilie, fein gehackt
1 EL Zitronensaft

Gemüsebrühe mit Pastinaken, Öl, Knoblauch und Zitronenschale zum Kochen bringen. Zugedeckt 12 Minuten leicht kochen lassen.

Zucchini, Frühlingszwiebeln und Liebstöckel untermischen, weitere 5 Minuten köcheln lassen.

Petersilie und Zitronensaft untermischen. Suppe mit dem Mixstab fein pürieren.

Pro Portion 110 kcal, 4 g E, 6 g F, 9 g KH, 0 mg Chol

Paprikacremesuppe mit Champignons

Für 4 Portionen

1 l Gemüsebrühe (Gemüsesuppe)
1 Zwiebel, fein gehackt
3 rote Paprikaschoten, kleine Stücke
50 g Kartoffeln, kleine Stücke
½ TL Koriandersamen, zerstoßen
½ TL Fenchelsamen, zerstoßen
1 Lorbeerblatt
1 Prise Muskatnuss, frisch gerieben
1 TL Öl
100 g Champignons, dünne Scheiben
Salz, Pfeffer
4 EL Petersilie, fein gehackt

Gemüsebrühe mit der feingehackten Zwiebel zum Kochen bringen, zugedeckt 10 Minuten köcheln lassen. Paprika, Kartoffeln, Koriander, Fenchel, Lorbeerblatt und Muskat dazugeben. Suppe zugedeckt weitere 10 Minuten köcheln lassen. Danach das Lorbeerblatt entfernen.

Suppe mit dem Mixstab fein pürieren, mit Salz, Pfeffer und Muskat abschmecken.

Öl in einer beschichteten Pfanne erhitzen. Champignons darin unter Rühren kurz braten, mit Salz und Pfeffer würzen. Suppe portionsweise mit Champignons anrichten, mit Petersilie bestreuen.

Pro Portion 108 kcal, 5 g E, 4 g F, 13 g KH, 0 mg Chol

Limettenwürzige Kürbissuppe

Für 2 Portionen

1 TL Öl
1 Zwiebel, fein gehackt
1 Prise Muskatnuss, frisch gerieben
½ TL Koriandersamen, gemahlen
½ TL Fenchelsamen, zerstoßen
3 Pimentkörner, zerstoßen
1 Prise Zimtpulver
1 l Gemüsebrühe (Gemüsesuppe)
50 g Kartoffeln, kleine Stücke
400 g Kürbis (Muskat, Butternuss, Hokkaido), kleine Stücke
1 TL frischer Ingwer, fein gehackt
1 Stück Bio-Zitronenschale (2 x 3 cm)
1 EL Limettensaft
3 EL Koriandergrün oder Petersilie, fein gehackt

Öl in einem beschichteten Topf erhitzen. Die gehackte Zwiebel darin bei milder Hitze weich dünsten. Muskat, Koriander, Fenchel, Piment und Zimt dazugeben, unter Rühren kurz mitbraten.

Mit Gemüsebrühe aufgießen, Kartoffeln dazugeben. Suppe zum Kochen bringen und 8 Minuten köcheln lassen. Kürbis, Ingwer und Zitronenschale dazugeben. Suppe weitere 8 Minuten köcheln lassen. Der Kürbis soll weich sein, darf aber nicht zerfallen.

Limettensaft dazugeben. Suppe mit dem Mixstab fein pürieren, mit Salz und Pfeffer abschmecken, mit Koriander bestreuen.

Pro Portion 118 kcal, 4 g E, 3 g F, 18 g KH, 0 mg Chol

Blumenkohl-Lauch-Suppe

Für 2 Portionen

1 L Gemüsebrühe (Gemüsesuppe)
100 g Kartoffeln, kleine Stücke
1 Prise Muskatnuss, frisch gerieben
½ TL Koriandersamen, zerstoßen
2 Pimentkörner, zerstoßen
200 g Blumenkohl (Karfiol),
    kleine Röschen
200 g Lauch, dünne Ringe
1 TL Nussmus oder Öl
4 EL Petersilie, gehackt

Gemüsebrühe mit Kartoffeln, Muskat, Koriander und Piment zum Kochen bringen. Zugedeckt 10 Minuten köcheln lassen. Blumenkohl und Lauch dazugeben, zugedeckt weitere 7 Minuten köcheln lassen.

Nussmus (oder Öl) und Petersilie untermischen. Suppe mit dem Mixstab fein pürieren, mit Salz, Pfeffer und Muskat abschmecken.

Pro Portion 98 kcal, 7 g E, 2 g F, 11 g KH, 0 mg Chol

Spinat-Kohlrabi-Suppe mit viel Petersilie

Für 2 Portionen

1 Bund Petersilie, fein gehackt
1 TL Öl
1 Zwiebel, fein gehackt
1 l Gemüsebrühe
50 g Kartoffeln, kleine Stücke
300 g junge Kohlrabi, kleine Stücke
1 Stück Bio-Zitronenschale (2 x 3 cm)
1 Prise Muskatnuss, frisch gerieben
1 TL Fenchelsamen, zerstoßen
200 g junger Spinat, Stücke (auch TK)
2 TL Zitronensaft
Salz, Pfeffer

Petersilienblättchen abzupfen und hacken. Petersilienstängel fein schneiden.

Öl in einem beschichteten Topf erhitzen. Zwiebel darin bei milder Hitze glasig dünsten. Mit Gemüsebrühe aufgießen. Petersilienstängel und Kartoffeln dazu geben, zum Kochen bringen, weitere 10 Minuten zugedeckt köcheln lassen.

Kohlrabi, Zitronenschale, Muskat und Fenchel dazugeben, zugedeckt ca. 6 Minuten weiter köcheln lassen. Spinat untermischen, nur einen Moment mitkochen lassen.

Petersilienblättchen unterrühren. Suppe mit dem Mixstab fein pürieren, mit Zitronensaft, Salz und Pfeffer abschmecken.

Pro Portion 104 kcal, 6 g E, 3 g F, 11 g KH, 0 mg Chol

Alles-Wurzel-Suppe

Für 2 Portionen

1 l Gemüsebrühe (Gemüsesuppe)
1 Zwiebel, fein gehackt
150 g Karotten, kleine Stücke
100 g Sellerie, kleine Stücke
100 g Rote Bete, kleine Stücke
100 g Pastinaken, kleine Stücke
50 g Petersilienwurzel, kleine Stücke
3 Pimentkörner, zerstoßen
1 Prise Muskatnuss, frisch gerieben
1 Stück Bio-Zitronenschale (2 x 3 cm)
1 TL Nussmus oder Öl
1–2 TL Zitronensaft
Salz, Pfeffer
4 EL Petersilie, fein gehackt

Gemüsebrühe mit Öl und der gehackten Zwiebel zum Kochen bringen und zugedeckt 10 Minuten köcheln lassen.

Karotten, Sellerie, Rote Bete, Pastinaken, Petersilienwurzel, Piment, Muskat und Zitronenschale untermischen. Suppe zum Kochen bringen, zugedeckt ca. 10 Minuten weiter köcheln lassen. Das Gemüse soll weich sein, aber noch einen leichten Biss haben.

Nussmus (oder Öl) dazugeben. Suppe mit dem Mixstab fein pürieren, mit Zitronensaft, Muskat, Salz und Pfeffer abschmecken. Suppe mit Petersilie bestreuen.

Pro Portion 108 kcal, 5 g E, 2 g F, 15 g KH, 0 mg Chol

Immer wieder ein neues Fastenrezept!

So wird daraus eine klare Borschtsch-Suppe
Wurzelgemüse in besonders schöne, gleichmäßig kleine Stückchen schneiden und in der Gemüsebrühe bissfest garen. Zur Abwechslung wird die Suppe nicht cremig gemixt, und Sie können eine wunderbar rote, klare Gemüsesuppe genießen.

Nur zwei Sorten Wurzelgemüse verwenden
Bereiten Sie die Suppe mit nur zwei Sorten Wurzelgemüse zu z. B. mit Pastinaken und Roten Beten oder mit Karotten und Sellerie. Auch das schmeckt gut.

Indien lässt grüßen
Die Suppe mit zerstoßenen Koriandersamen und fein gehacktem, frischem Ingwer würzen. Mit Limettensaft abschmecken und mit gehacktem Koriandergrün bestreuen.

Wirsingsuppe mit fünf Gewürzen

Für 2 Portionen

1 l Gemüsebrühe (Gemüsesuppe)
½ Zwiebel, fein gehackt
1 TL Öl
100 g Kartoffeln, dünne Scheiben
100 g Karotten, dünne Scheiben
1 TL Kümmel, zerstoßen
1 TL Koriandersamen, zerstoßen
½ TL Fenchelsamen, zerstoßen
½ TL Kurkuma, gemahlen
1 Prise Muskatnuss, frisch gerieben
200 g Wirsing, feine Streifen
Salz, Pfeffer
4 EL Petersilie, fein gehackt

Gemüsebrühe mit Zwiebel, Knoblauch und Öl zum Kochen bringen und zugedeckt 15 Minuten köcheln lassen.

Kartoffeln, Karotten, Kümmel, Koriander, Fenchel, Kurkuma und Muskat dazugeben. Suppe weitere 6 Minuten köcheln lassen, Wirsing unterrühren, noch 5 Minuten köcheln lassen.

Suppe mit Salz, Pfeffer und Muskat abschmecken, mit Petersilie bestreuen.

Pro Portion 112 kcal, 5 g E, 3 g F, 15 g KH, 0 mg Chol

Champignon-Topinambur-Suppe

Für 2 Portionen

800 ml Gemüsebrühe (Gemüsesuppe)
½ Zwiebel, fein gehackt
50 g Kartoffeln, kleine Stücke
300 g Topinambur, kleine Stücke
1 Prise Muskatnuss, frisch gerieben
1 Stück Bio-Zitronenschale
    (2 cm x 3 cm)
1 TL Öl
200 g Champignons, dünne Scheiben
1 TL Zitronensaft
Salz, Pfeffer
4 EL Petersilie, fein gehackt

Gemüsebrühe mit Zwiebeln und Kartoffeln zum Kochen bringen und 8 Minuten köcheln lassen. Topinambur, Muskat und Zitronenschale dazugeben, zugedeckt weitere 12 Minuten köcheln lassen. Suppe mit dem Mixstab fein pürieren.

Öl in einer beschichteten Pfanne erhitzen, Pilze darin unter Rühren braten, mit Zitronensaft, Salz und Pfeffer würzen, in die Suppe mischen.

Suppe mit Petersilie bestreuen.

Pro Portion 115 kcal, 8 g E, 4 g F, 13 g KH, 0 mg Chol

Misosuppe – ein Grundrezept

Für 2 Portionen

1 l schwach gesalzene Gemüsebrühe
   (Gemüsesuppe)
1 TL frischer Ingwer, fein gehackt
100 g Kartoffeln, kleine Würfel
200 g Karotten, dünne Scheiben
60 g mildes Miso (Shiro-Miso)
2 Frühlingszwiebeln, feine Ringe

Gemüsebrühe mit Ingwer zum Kochen bringen. Kartoffeln und Karotten dazugeben. Suppe zugedeckt 10 Minuten köcheln lassen.

Miso mit 4 EL kaltem Wasser glatt rühren. Suppe vom Herd nehmen, Misopaste einrühren. Suppe mit Frühlingszwiebeln bestreuen.

Pro Portion 105 kcal, 3 g E, 3 g F, 15 g KH, 0 mg Chol

Miso, die älteste Instantsuppe der Welt

Misosuppe wird in Japan vom Frühstück bis zum Abendessen in unzähligen Variationen genossen. Miso, die natürlich fermentierte Paste aus Sojabohnen und Getreide wird in Japan seit Jahrhunderten hergestellt. Es gibt verschiedene Sorten, z. B. helles, mildes Shiro- oder Mugi-Miso oder dunkelbraunes, intensiv schmeckendes Hatcho-Miso. Miso wird mit wenig Wasser glatt gerührt, in Suppen gemischt, ist ideal für die schnelle Küche und für Veganer besonders wertvoll, da es Vitamin B12 enthält.

Appetit auf typisch japanische Miso-Suppe?
Für 2 Portionen 3 g getrocknete Wakame-Algen in kaltem Wasser 10 Minuten quellen lassen, abgießen und abtropfen lassen. Wakame in Stücke schneiden, in die fertige Suppe rühren.

Zitronen-Zucchini mit Basilikum und Rucola

Für 2 Portionen

1 TL Olivenöl
2 Knoblauchzehen, dünne Scheiben
500 g kleine, feste Zucchini,
    sehr dünne Scheiben
½ TL Bio-Zitronenschale, fein gehackt
Salz, Pfeffer
1–2 EL Zitronensaft
4 EL Basilikum, fein geschnitten
1 Handvoll Rucola

Olivenöl in einer großen beschichteten Pfanne erhitzen. Knoblauch darin einen Moment unter Rühren braten.

Zucchini und Zitronenschale dazugeben, leicht salzen und pfeffern, unter Rühren kurz braten. Die Zucchini sollen sich nur in der Mitte glasig verfärben und knackig bleiben.

Zucchini vom Herd nehmen, Zitronensaft, Basilikum und Rucola untermischen. Zucchini mit Salz und Pfeffer abschmecken.

Pro Portion 87 kcal, 5 g E, 4 g F, 8 g KH, 0 mg Chol

Süßkartoffel-Wedges aus dem Ofen

Für 2 Portionen

300 g Süßkartoffeln, kleine Spalten
Salz

Backofen auf 180 °C (Umluft 160 °C) vorheizen. Backblech mit Backpapier belegen.

Süßkartoffeln nebeneinander auf das Blech legen, leicht salzen und im vorgeheizten Ofen 15–20 Minuten braten.

Pro Portion 166 kcal, 2 g E, 1 g F, 36 g KH, 0 mg Chol

Abwechslungsreich fasten

Knusprige Süßkartoffel-Wedges schmecken auch zu geschmorten Gewürztomaten (S. 60), zur provençalischen Gemüsepfanne (S. 68) und zum gebratenen Spinat mit Ingwer (S. 71).

Geschmorter Kürbis mit Apfel-Tomaten-Salsa

Für 2 Portionen

500 g Kürbis (Muskat- oder
    Butternusskürbis), kleine Würfel

Für die Salsa

200 g Tomaten, kleine Stücke
200 g saftiger, säuerlicher Apfel, kleine
    Würfel
2 Frühlingszwiebeln (Jungzwiebel),
    feine Ringe
1 TL Öl
3–4 EL Zitronensaft
Salz, Pfeffer
1 EL Petersilie, fein gehackt

Backofen auf 180 °C (Umluft 160 °C) vorheizen. Backblech mit Backpapier belegen. Kürbis auf dem Backpapier verteilen, leicht salzen, im vorgeheizten Ofen ca. 15 Minuten weich braten.

Für die Salsa Tomaten, Apfel, Frühlingszwiebeln, Öl und Zitronensaft vermischen. Salsa mit Salz und Pfeffer abschmecken. Etwas Saft ziehen lassen

Den heißen Kürbis mit der Salsa vermischen und mit Petersilie bestreuen.

Pro Portion 167 kcal, 4 g E, 3 g F, 28 g KH, 0 mg Chol

Apfel-Tomaten-Salsa – ein vielseitig einsetzbarer Rezeptbaustein

Die saftige Salsa …

- … passt zu geschmortem Fenchel aus dem Backofen
  Für 2 Portionen: 2 Fenchelknollen vierteln, nebeneinander in eine ofenfeste Form legen. 150 ml Gemüsebrühe, 1 TL Öl und 1 Prise Muskat verrühren, Fenchel damit übergießen. Im vorgeheizten Ofen bei 180 °C (Umluft 160 °C) 20 Minuten schmoren. Fenchel aufdecken und weitere 5–10 Minuten garen. Bei Bedarf wenig Gemüsebrühe angießen. Am Ende der Garzeit soll die Gemüsebrühe verdampft sein. Apfel-Tomaten-Salsa über dem Fenchel verteilen.

- … ist eine knackige Füllung für Folienkartoffeln
  Folienkartoffeln (S. 42) im Ofen braten, aufschneiden mit der Apfel-Tomaten-Salsa füllen.

- … macht gedämpfte Karotten saftig
  Für 2 Portionen 400 g Karottenscheiben dämpfen, mit der Apfel-Tomaten-Salsa vermischen.

Beim Braten im Ofen verdichtet sich das feine Kürbisaroma

Die Zutaten für die Salsa sehr fein würfeln und etwas Saft ziehen lassen

Geschmorter Kürbis mit Apfel-Tomaten-Salsa schmeckt heiß und kalt und ist ideal zum Mitnehmen

Geschmorte Gewürz-Tomaten

Für 2 Portionen

500 g kleine, reife Tomaten
1 TL Olivenöl
6 Frühlingszwiebeln, längs
    halbiert, Ringe
½ TL Kumin, (Kreuzkümmel),
    zerstoßen
½ TL Koriandersamen, zerstoßen
Salz, Pfeffer
4 EL frisches Basilikum, geschnitten
1 EL frische Minze, geschnitten

Tomaten kurz in kochendes Wasser legen, abgießen, abtropfen lassen und Haut abziehen. Kleine Tomaten ganz lassen, größer längs vierteln.

Öl in einer großen, beschichteten Pfanne oder einem flachen Topf erhitzen. Frühlingszwiebeln darin kurz unter Rühren anbraten. Kumin und Koriander dazugeben, kurz unter Rühren anbraten. Tomaten dazugeben, mit Salz und Pfeffer würzen. Tomaten bei milder Hitze schmoren. Die Tomaten sollen durch und durch heiß sein, dürfen aber nicht zerfallen. Tomaten mit Basilikum und Minze bestreuen.

Pro Portion 91 kcal, 3 g E, 3 g F, 11 g KH, 0 mg Chol

Eine Hauptmahlzeit mit 200 Kalorien

Essen Sie zu Gemüsegerichten mit ca. 100 kcal eine angenehm sättigende Kartoffelbeilage mit ca. 150 kcal

- knusprige Ofenkartoffeln (S. 41)
- Folienkartoffeln (S. 42)
- aromatische Kartoffelspalten (S. 66)
- Süßkartoffel-Wedges (S. 62)
- pro Portion 200 g gedämpfte Kartoffeln

Kräuter-Kohlrabi mit Kartoffelstampf

Für den Kartoffelstampf
300 g mehlige Kartoffeln
1 Prise Muskatnuss, frisch gerieben
Salz

Für die Kräuter-Kohlrabi
400 ml Gemüsebrühe (Gemüsesuppe)
4 Frühlingszwiebeln (Jungzwiebeln),
   feine Ringe
1 TL Öl
1 Prise Muskatnuss, frisch gerieben
½ TL Koriandersamen, zerstoßen
1 Stück Bio-Zitronenschale (2 x 3 cm)
400 g Kohlrabi, 2 mm dünne Scheibchen
1 EL Zitronensaft
1 EL frische Minze, fein geschnitten
3 EL Petersilie (oder Basilikum),
   fein gehackt

Kartoffeln in der Schale weich dämpfen, abziehen und warm halten.

In der Garzeit der Kartoffeln die Gemüsebrühe mit Frühlingszwiebeln, Öl, Muskat, Koriander und Zitronenschale in einem flachen Topf zum Kochen bringen. Alles zugedeckt 8 Minuten köcheln lassen.

Kohlrabi dazugeben, leicht salzen, zugedeckt ca. weitere 4 Minuten köcheln lassen, bis das Gemüse bissfest ist. Kohlrabi vom Herd nehmen.

Über eine Schüssel ein Sieb hängen. Kohlrabi in das Sieb schütten und die aromatische Garflüssigkeit abtropfen lassen.

Kohlrabi zurück in den Topf geben, mit Zitronensaft abschmecken, mit den Kräutern vermischen.

Mit dem Kartoffelstampfer die Kartoffeln zu Püree verarbeiten. Dabei die Garflüssigkeit nach und nach dazugeben, bis das Püree angenehm cremig ist (restliche Garflüssigkeit für Suppe verwenden). Püree mit Salz und Muskat abschmecken.

Kräuter-Kohlrabi portionsweise mit dem Kartoffelstampf anrichten.

Pro Portion 200 kcal, 8 g E, 3 g F, 33 g KH, 0 mg Chol

Grundrezept einfach zubereitet
Lassen Sie sich von dieser langen Rezeptbeschreibung nicht abschrecken. Es ist nur die Anleitung für ein einfaches Hauptgericht mit 200 Kalorien. Ein Grundrezept, denn Kartoffelstampf mit der würzigen Garflüssigkeit von Gemüse zubereitet, schmeckt auch mit weißem Spargel, Karotten, Fenchel, Blumenkohl, Brokkoli oder Lauch.

Aus dem Wok – Pilze, Karotten und Sprossen

Für 2 Portionen

1 TL Öl

2 Knoblauchzehen, fein gehackt

200 g Karotten, feine Stifte

200 g frische Pilze (Champignons, Kräuterseitlinge, Shitake), kleine Stücke

½ TL frischer Ingwer, fein gehackt

Salz, Pfeffer

2 Frühlingszwiebeln, (Jungzwiebeln), längs halbiert, Stücke

100 g Mungsprossen (Sojasprossen)

1–2 EL Sojasoße

Öl in einer beschichteten Pfanne oder im Wok erhitzen. Knoblauch und Karotten darin kurz unter Rühren anbraten.

Pilze und Ingwer dazugeben, kurz unter Rühren braten. Leicht salzen und pfeffern

Frühlingszwiebeln dazugeben, kurz unter Rühren braten. Sojasprossen untermischen, einen Moment unter Rühren weiter braten, mit Sojasoße würzen, kurz unter Rühren braten.

Pro Portion 102 kcal, 7 g E, 4 g F, 10 g KH, 0 mg Chol

Tipp

Bereiten Sie zum Wok-Gemüse die folgenden aromatischen Kartoffelspalten! Das ergibt eine Hauptmahlzeit mit 250 kcal.

Aromatische Kartoffelspalten

Für 2 Portionen

400 g Kartoffeln, kleine Spalten

400 ml Gemüsebrühe (Gemüsesuppe)

Kartoffeln mit Gemüsebrühe in einer Pfanne zum Kochen bringen. Zugedeckt bei guter Hitze kochen lassen, bis die Gemüsebrühe verdampft ist und die Kartoffeln weich sind.

Pro Portion 150 kcal, 3 g E, 0,2 g F, 30 g KH, 0 mg Chol

Provençalische Gemüsepfanne

Für 2 Portionen

1 TL Öl
½ Zwiebel, fein gehackt
2 Knoblauchzehen, fein gehackt
1 rote Paprikaschote, feine Streifen
Salz, Pfeffer
250 g Tomaten, abgezogen, dünne
    Scheiben (auch geschälte Tomaten
    aus der Konserve)
1 TL provençalische Kräutermischung
200 g Zucchini, dünne Scheiben

Öl in einer beschichteten oder gusseisernen Pfanne erhitzen. Zwiebeln zuerst bei milder Temperatur glasig und weich dünsten. Dann unter Rühren goldbraun braten.

Knoblauch und Paprika unterrühren, mit Salz und Pfeffer würzen, unter Rühren 5 Minuten braten.

Tomaten und provençalische Kräuter untermischen. Alles zugedeckt 6 Minuten köcheln lassen.

Zucchini unterrühren, zugedeckt dünsten, bis die Zucchini bissfest sind. Mit Salz und Pfeffer abschmecken.

Pro Portion 98 kcal, 5 g E, 4 g F, 11 g KH, 0 mg Chol

Spargel mit Petersilien-Lauch-Soße

Für 2 Portionen

1 Bund Petersilie
400 g grüner Spargel, längs halbiert,
    Stücke
300 ml Gemüsebrühe
1 Stück Bio-Zitronenschale (2 x 3 cm)
1 Prise Muskatnuss, frisch gerieben
1 TL Öl
100 g Lauch, feine Ringe
50 g gekochte Kartoffeln, kleine Stücke
½–1 EL Zitronensaft
Salz

Petersilienblättchen abzupfen, fein hacken. Petersilienstängel sehr fein schneiden. Grüner Spargel muss nicht geschält werden, nur die harten Spargelenden abschneiden.

Gemüsebrühe mit Zitronenschale und Muskat aufkochen und den Spargel darin ca. 7 Minuten bissfest köcheln lassen.

Während der Garzeit des Spargels das Öl in einem beschichteten Topf erhitzen. Lauch und Petersilienstängel, dazugeben, andünsten, leicht salzen.

Spargel aus dem Topf heben, warm stellen.

Lauch mit der Garflüssigkeit aufgießen, Kartoffeln dazugeben, 3 Minuten köcheln lassen.

Lauch, Garflüssigkeit und Petersilienblättchen mit dem Mixstab fein pürieren. Soße mit Zitronensaft, Salz und Muskat abschmecken und mit dem Spargel anrichten.

Pro Portion 98 kcal, 6 g E, 3 g F, 11 g KH, 0 mg Chol

Blumenkohl mit leichter Sauce à la Béchamel

Für 2 Portionen

1 TL Öl
½ Zwiebel, fein gehackt
1 Prise Muskatnuss, frisch gerieben
½ TL Koriandersamen, zerstoßen
100 g mehlige Kartoffeln, kleine Stücke
150 ml Gemüsebrühe (Gemüsesuppe)
1 Stück Bio-Zitronenschale
200 ml Sojadrink, ungesüßt
Salz, Pfeffer

Für das Gemüse

100 ml Gemüsebrühe (Gemüsesuppe)
400 g Blumenkohl, kleine Röschen

Für die Soße Öl in einem kleinen beschichteten Topf erhitzen. Zwiebel darin weich und glasig dünsten. Muskat und Koriander dazugeben, kurz anrösten.

Kartoffeln, 150 ml Gemüsebrühe und Zitronenschale unterrühren. Alles zum Kochen bringen und zugedeckt köcheln lassen, bis die Kartoffeln weich sind und die Gemüsebrühe fast verkocht ist.

Nun den Sojadrink untermischen und alles abermals zum Kochen bringen. Soße mit einem Mixstab fein pürieren. Mit Muskat, Koriander, Salz und Pfeffer abschmecken.

Für das Gemüse 100 ml Gemüsebrühe zum Kochen bringen. Blumenkohl darin zugedeckt weich dünsten. Soße mit dem Blumenkohl vermischen.

Pro Portion 148 kcal, 10 g E, 5 g F, 15 g KH, 0 mg Chol

Die leichte Sauce à la Béchamel: ein Allround-Talent

Die cremige weiße Soße schmeckt gut zu weißem und grünem Spargel, zu Kohlrabi, Lauch, Karotten, Spinat, Fenchel, Brokkoli und grünen Bohnen.

Fenchel mit Pilzen und Karotten

Für 2 Portionen

2 kleine Fenchelknollen, Viertel
200 g Champignons, kleine Stücke
100 g Karotten, dünne Scheiben
2 Frühlingszwiebeln (Jungzwiebeln),
    feine Ringe
Salz, Pfeffer
150 ml Gemüsebrühe (Gemüsesuppe)
abgeriebene Schale von ¼ Bio-Zitrone
1 TL Olivenöl
1 TL Thymian
1–2 TL Zitronensaft
2 EL Petersilie, fein gehackt

Backofen auf 180 °C (Umluft 160 °C) vorheizen. Fenchel-viertel nebeneinander in eine ofenfeste Form legen. Champignons, Karotten und Frühlingszwiebeln dazwischen verteilen. Gemüse leicht salzen und pfeffern.

Gemüsebrühe, Zitronenschale, Öl und Thymian verrühren, über das Gemüse gießen.

Fenchel zugedeckt im vorgeheizten Ofen 20 Minuten garen. Aufdecken, wenn notwendig wenig Gemüsebrühe angießen. 5–10 Minuten schmoren lassen. Fenchel mit Zitronensaft beträufeln, mit Petersilie bestreuen.

Pro Portion 96 kcal, 6 g E, 3 g F, 10 g KH, 0 mg Chol

Brokkoli gedämpft im Kartoffelbett

Für 2 Portionen

1 TL Öl
4 Frühlingszwiebeln (Jungzwiebeln),
    feine Ringe
300 g festkochende Kartoffeln, dünne
    Scheiben
300 ml Gemüsebrühe
1 Prise Muskatnuss, frisch gerieben
300 g Brokkoli, sehr kleine Röschen
Salz, Pfeffer
1 Tomate, kleine Würfel
½ Bund Basilikum, fein geschnitten
1 Knoblauchzehe, gehackt
½ EL Zitronensaft

Öl in einem flachen, beschichteten Topf erhitzen. Frühlings-zwiebeln und Kartoffeln darin kurz andünsten.
Mit Gemüsebrühe aufgießen, mit Muskat würzen, zugedeckt köcheln lassen, bis die Kartoffeln fast weich sind.

Die Kartoffeln sollen noch etwas von der Gemüsebrühe bedeckt sein. Bei Bedarf noch wenig Gemüsebrühe angießen. Brokkoli auf den Kartoffeln verteilen, mit Salz und Pfeffer würzen, zugedeckt 7 Minuten dämpfen.

Tomaten, Basilikum, Knoblauch, Zitronensaft, Salz und Pfeffer vermischen, auf den Brokkoli geben.

Pro Portion 194 kcal, 9 g E, 3 g F, 30 g KH, 0 mg Chol

Ein Grundrezept, viel Abwechslung

Auch kleine Blumenkohlröschen, dünne Kohlrabi-, Karotten- und Zucchinischeiben, feine Wirsingstreifen, längs halbierte grüne Bohnen und grüner Spargel können im Kartoffelbett gegart werden.

Grüne Bohnen mit Tomatensoße

Für 2 Portionen

1 TL Olivenöl
2 Knoblauchzehen, fein gehackt
250 g passierte Tomaten
  (Glas, TetraPak)
½ TL Thymian
½ TL Basilikum
1 Lorbeerblatt
Salz, Pfeffer
400 g grüne (TK-)Bohnen, Stücke

Öl in einem kleinen Topf erhitzen. Knoblauch darin unter Rühren kurz anbraten, passierte Tomaten untermischen.

Soße mit Thymian, Basilikum, Lorbeer, Salz und Pfeffer würzen, 5 Minuten köcheln lassen.

Bohnen zugedeckt über Wasserdampf bissfest garen, mit der Tomatensoße vermischen, kurz köcheln lassen, mit Salz und Pfeffer abschmecken.

Pro Portion 94 kcal, 6 g E, 3 g F, 11 g KH, 0 mg Chol

Gebratener Spinat mit Ingwer

Für 2 Portionen

400 g Spinat
Salz
1 TL Öl
2 Knoblauchzehen, fein gehackt
½ TL frischer Ingwer, fein gehackt
½ TL Kumin (Kreuzkümmel), zerstoßen
1 Prise Muskatnuss, frisch gerieben
Salz
1 EL Zitronensaft

Tropfnassen Spinat mit etwas Salz zugedeckt in einem großen Topf bei guter Hitze in 1 bis 2 Minuten zusammenfallen lassen.

Spinat in einem Sieb gut abtropfen lassen.

Öl in einer beschichteten Pfanne erhitzen, Knoblauch, Ingwer, Kumin und Muskat dazugeben, kurz unter Rühren braten.

Spinat untermischen, kurz unter Rühren braten, mit Pfeffer und Salz abschmecken. Spinat vom Herd nehmen, Zitronensaft untermischen.

Pro Portion 96 kcal, 6 g E, 6 g F, 4 g KH, 0 mg Chol

5 Tage
Vegan genießen

Der reine Genuss – Rezepte für ein leichtes Leben

Mit Hingabe kochen und mit Begeisterung essen kann glücklich machen – ganz besonders dann, wenn man dabei nicht ständig die Kalorien zählen muss. Mit Vegan 5:2 gelingt's! Sie kochen und essen 5 Tage in der Woche nach dem Lustprinzip – das ist wunderbar und sehr befreiend!

Guten Appetit

In diesem Kapitel finden Sie neue Rezepte für fünf vegane Genießertage pro Woche. Salate, farbenfrohe Kompositionen, die als Vorspeise serviert werden, wie der Salat mit Melone, Heidelbeeren und Minz-Vinaigrette (S. 76). Bestens zum Mitnehmen geeignet ist der Nudelsalat mit Brokkoli und Pesto-Dressing (S. 82). Abwechslung herrscht in der Suppenküche, von der sanft cremigen Blumenkohl-Topinambur-Suppe bis zum mexikanischen Bohneneintopf mit Salsa picante. Ob Pasta, Flammkuchen, Spinatcurry mit Mango oder Spargelragout: Diese Hauptgerichte schmecken! Für Naschkatzen gibt es fruchtig Süßes wie Schoko-Nuss-Bananen-Eis (S. 114) oder knusprige Apfelkrapfen (S. 124). Alle Rezepte sind ohne Zucker zubereitet. Angenehm süß schmecken sie trotzdem, dank reifer Früchte und Trockenfrüchte . Den natürlichen süßen Geschmack verstärken Gewürze wie Vanille, Zimt und Kardamom.

Frühstück und Snacks, kalt und warm

Abwechslung beginnt bereits mit der ersten Mahlzeit des Tages. Die muss nicht immer süß sein. Auf dem Vollkorntoast schmeckt auch ein feiner Pilz-Kräuter-Aufstrich (S. 86) mit ein paar Gurkenscheiben oder die Paprika-Tomaten-Tapenade (S. 84). Vor allem in der kalten Jahreszeit werden warme Getreidespeisen am Morgen immer beliebter. Die Grundrezepte dafür kennen Sie schon von den Fasttagen (S. 28). An den fünf Genießertagen mischen Sie einfach noch klein gehackte Trockenfrüchte und

Nüsse unter die »Overnight-Oats«. Das Gleiche gilt für Müslis. In das Trauben-Birnen-Porridge kommen noch getrocknete Cranberrys und Mandeln, in das Ananas-Granatapfel-Müsli getrocknete Mangos und Cashewnüsse.

An den Fasttagen essen Sie drei Hauptmahlzeiten. Sie werden feststellen, dass Sie sich an diesen Essrhythmus gewöhnen und auch an Genießertagen zwischendurch weniger essen wollen. Trotzdem finden Sie in diesem Kapitel auch Rezepte für Snacks. Nutzen Sie diese als Rezeptbausteine, die sich vielfältig variieren lassen. Der herzhafte Tofuburger (S. 106) schmeckt auch kalt mit Salatblättchen, Tomatenscheiben und Zwiebelringen im Vollkornbrötchen, besonders wenn obenauf noch ein Klecks rosaroter Dip (S. 78) sitzt. Der Rote-Bete-Kartoffel-Aufstrich passt nicht nur zu Roggenbrot, sondern wird auch als Dip zu Gemüsesticks serviert.

Grenzenlos vegan und ganz natürlich

Vegan und vollwertig – diese Küche hat Zukunft: Es werden nur frische und natürliche Zutaten verwendet, bevorzugt aus der Region und aus biologischer Landwirtschaft. Gekocht wird aroma- und vitalstoffschonend, damit meist schnell und einfach. Inspirationen für neue, phantasievolle Rezepte kommen aus Großmutters bewährter Küche und aus den kulinarischen Traditionen rund um den Globus vom Mittelmeer bis nach Asien. Es gibt neue Leibspeisen zu entdecken und die Begeisterung am Kochen erwacht.

Das bleibt nicht folgenlos. Die Geschmackssinne, die vom Verzehr künstlich aromatisierter Industrieprodukte (Lebensmittel will ich sie nicht nennen) betäubt waren, erholen sich. Das differenzierte Schmecken kehrt zurück, und der Appetit auf natürliche vegane Speisen wächst. Wissenschaftler bezeichnen diesen Prozess als Änderung der Ernährungsgewohnheiten durch Genuss. Ich meine, etwas Besseres kann uns nicht passieren!

Natürlich würzen

Frische Kräuter, aromatische Gewürze, Knoblauch, Ingwer, Zitronensaft und Sojasoße erleichtern das Kochen. Gekonnt kombiniert, machen sie aus dem einfachsten Gemüsegericht ein Geschmackserlebnis und das bei einem Arbeitsaufwand der gegen null geht. Sie müssen auch nicht laufend neu einkaufen. Gewürze behalten – gut verschlossen und vor Licht geschützt – ihr Aroma einige Monate. Besonders dann, wenn Sie Koriander, Kardamom oder Piment erst kurz vor dem Einsatz mörsern oder Muskatnuss frisch in die Speise reiben. FriIngwer und Bio-Zitronen sind gekühlt lange haltbar und bringen prickelnden Geschmack in pikante und süße Speisen. Kräuter gedeihen auf dem Fensterbrett.

Gut essen fängt beim Einkauf an

Die größte Kochkunst ist vergebens, wenn die Zutaten von minderer Qualität sind. Andererseits machen hochwertige Zutaten das Kochen leicht oder sogar überflüssig. Warum sollte man Sugo kochen, wenn es im Sommer reife Tomaten gibt? Die Paradiesfrüchte werden klein gewürfelt, mit kaltgepresstem Olivenöl, Knoblauch sowie frischem Basilikum verrührt und die kalte Soße nach italienischem Vorbild mit den heißen Spaghetti vermischt. Warum ein Kompott zubereiten, wenn von der Sonne geküsste saftige Aprikosen ihr einzigartiges Aroma entfalten und die gesamte Mundhöhle mit ihrem Duft erfüllen?

Kochen beginnt mit dem Einkaufen hochwertiger, natürlicher Lebensmittel und auch das kann richtig Spaß machen. Nicht nur neue Kochwelten, sondern auch neue Einkaufswelten gilt es zu entdecken. Gönnen Sie sich dieses Vergnügen, vor allem am Wochenende, wenn Sie mehr Zeit haben.

Gemüse, Früchte, Beeren, Kräuter, diese Grundzutaten für die vegane Küche gibt es erntefrisch auf dem Markt, in Gärtnereien, im Biogeschäft oder direkt beim Biobauern. Reife, saftige, unsäglich gute Weinbergpfirsiche habe ich noch nie im Supermarkt gefunden, jedoch jeden Sommer bei meinem Gemüsehändler auf dem Markt. Dort erstehe ich auch die seltene feinblättrige Petersilie, erntefrischen Spargel, strahlend weiße kugelrunde Rübchen, Kohlrabi mit festen Blättchen oder taufrischen erst am Morgen geernteten Kopfsalat.

Machen Sie sich auf die Suche nach einer guten Bäckerei – es lohnt sich! Knuspriges Vollkornbrot nur aus frisch gemahlenem Getreide, natürlicher Hefe oder Sauerteig und natürlichen Gewürzen hergestellt ist ein Hochgenuss.

Machen Sie wie ich den Qualitätstest: Das Brot ist erst dann gut, wenn mir eine ganze Scheibe davon auch pur schmeckt. Auch leckeres Vollkornbrot, ein wichtiger Lieferant der gesundheitsfördernden guten Kohlenhydrate, senkt den Aufwand für das Kochen. Essen Sie zum Brot herzhaften Aufstrich und Salat, und schon ist das Abendessen oder ein schnelles Mittagessen fertig. In Südeuropa täglich bewährt und eine praktische Kombination: Brot zum Gemüse- oder Bohneneintopf servieren.

Fotos aus meiner Küche

In diesem Buch finden Sie auch kleine Fotos aus meiner Küche – Schnappschüsse, die beim Kochen und Testessen entstanden sind. Einige Rezepte aus diesem Buch können Sie wie Bausteine für immer neue Gerichte verwenden. Ein paar Varianten habe ich gekocht und fotografiert z. B. schnell zubereitete Rezepte mit dem beliebten, herzhaften Pesto (S. 90).

Salat mit Melone, Heidelbeeren und Minze-Vinaigrette

Für 4 Portionen

1 Minigurke
1 Karotte
1 kleiner Kopfsalat, mundgerechte
    Stücke
400 g Zuckermelone, Stücke
100 g Heidelbeeren
2 Frühlingszwiebeln (Jungzwiebeln),
    feine Ringe

Für das Dressing

3–4 EL Zitronensaft
1 EL Apfelessig
2 EL Öl
½ TL Bio-Zitronenschale, fein gehackt
6 Minzeblätter, feine Streifen
Salz, Pfeffer

Gurke und Karotte mit dem Spargelschäler in breite Längsstreifen schneiden. Karottenstreifen mit dem Messer dünner schneiden.

Kopfsalat, Gurken, Karotten, Zuckermelone, Heidelbeeren und Frühlingszwiebeln in eine Schüssel geben.

Alle Zutaten für das Dressing verrühren. Salat mit dem Dressing vermischen, mit Salz und Pfeffer abschmecken.

Pro Portion 154 kcal, 2 g E, 6 g F, 22 g KH, 0 mg Chol

Salat mit Pfifferlingen und Aprikosen

Für 4 Portionen

1 EL Öl
300 g Pfifferlinge, kleine Stücke
Salz, Pfeffer
200 g Radicchio, sehr feine Streifen
250 g reife Aprikosen (Marillen), kleine
    Spalten
2 Frühlingszwiebeln (Jungzwiebeln),
    feine Ringe
2 EL geröstete Walnüsse, gehackt

Für das Dressing

3–5 EL Zitronensaft
1 EL Öl
Salz, Pfeffer
½ TL frischer Ingwer, fein gehackt

Öl in einer großen, beschichteten Pfanne erhitzen. Pfifferlinge darin bei guter Hitze kurz unter Rühren braten, mit Salz und Pfeffer würzen.

Alle Zutaten für das Dressing verrühren.

Radicchio, Aprikosen, Frühlingszwiebeln und Pfifferlinge mit dem Dressing vermischen. Salat mit Zitronensaft, Salz und Pfeffer vermischen, mit Walnüssen bestreuen.

Pro Portion 137 kcal, 3 g E, 9 g F, 10 g KH, 0 mg Chol

Gebratener Sandwichtofu

Für 4 Portionen
400 g Tofu natur
Öl für die Pfanne

Für die Marinade
2 EL weißer Balsamico-Essig
80 ml Weißwein
4 EL Olivenöl
5 EL Sojasoße
200 ml Wasser
4 Knoblauchzehen, fein gehackt
1 Prise Muskatnuss, frisch gerieben
1 TL Koriandersamen
4 Pimentkörner
2 Lorbeerblätter
10 schwarze Pfefferkörner

Tofu kalt abspülen, trocken tupfen, in 1 cm dünne Scheiben schneiden.

Essig, Weißwein, Olivenöl, Sojasoße, Wasser, Knoblauch, Koriander, Piment und Lorbeerblätter aufkochen lassen. Tofu mit der heißen Marinade übergießen, abkühlen und 6 Stunden im Kühlschrank durchziehen lassen.

Tofu aus der Marinade nehmen, abtropfen lassen. Eine beschichtete oder gusseiserne Grillpfanne mit Öl ausstreichen. Tofu darin auf beiden Seiten ca. 2 Minuten braten.

Pro Portion 103 kcal, 11 g E, 7 g F, 1 g KH, 0 mg Chol

Saftiger Brotbelag
Knusprige Baguettes oder Toast mit gebratenem Sandwich-Tofu, Salatblättern, Tomaten- und Gurkenscheiben belegen und obenauf einen Klecks rosa Dip oder Senf geben – ein prima Snack!

Rosa Dip

Für 4 Portionen
200 g Soja-Sauerrahm
2 EL passierte Tomaten (Glas, TetraPak)
1 EL Sojasoße
Chili

Soja-Sauerrahm, passierte Tomaten und Sojasoße glatt rühren. Dip mit Chili abschmecken.

Pro Portion 73 kcal, 2 g E, 6 g F, 2 g KH, 0 mg Chol

Sandwich-Tofu wird zuerst mariniert und kann vielseitig verwendet werden

Aus dem Wok – gebratener Sandwichtofu, Pak-Choy und Frühlingszwiebeln mit pikanter Soße – Rezept auf www.elisabeth-fischer.com

Tortilla mit Sandwichtofu, Salat, Tomaten, Gurken und Salsa picante
Salsa: 250 g gewürfelte Tomaten, 1 gehackte Knoblauchzehe, 3 EL gehackte Zwiebeln, je 1/2 TL Kumin und Oregano, Salz und Chili vermischen.

Endivien-Orangen-Fenchel-Salat mit Bananendressing

Für 4 Portionen
Für das Dressing
1 Banane, kleine Stücke
3–4 EL Zitronensaft
Saft von 1 Orange
2 EL Öl
Salz, Pfeffer

Für den Salat
½ Endiviensalat, feine Streifen
1 Karotte, grob geraspelt
1 kleiner Fenchel, feine Streifen
2 Orangen, kleine Stücke
2 Frühlingszwiebeln (Jungzwiebeln)
    feine Ringe

Für das Dressing die Banane mit der Gabel zuerst fein zerdrücken, dann cremig rühren. Zitronensaft und Orangensaft dazugeben, alles glatt rühren. Öl unterrühren. Dressing mit Salz und Pfeffer abschmecken.

Endiviensalat, Karotte, Fenchel, Orangen und Frühlingszwiebeln mit dem Dressing vermischen. Salat mit Salz und Pfeffer abschmecken.

Pro Portion 152 kcal, 3 g E, 6 g F, 20 g KH, 0 mg Chol

Spinat-Kichererbsen-Salat mit Minze

Für 4 Portionen
3 EL Olivenöl
5 Knoblauchzehen, feine Scheiben
300 g gekochte Kichererbsen,
    abgetropft (Dose, Glas)
1 TL Kumin (Kreuzkümmel), zerstoßen
1 TL Koriandersamen, zerstoßen
1 Prise Muskatnuss, frisch gerieben
Salz, Pfeffer
3–4 EL Zitronensaft
1 EL frische Minze, fein gehackt
400 g Spinat
3 Frühlingszwiebeln (Jungzwiebeln),
    feine Ringe

Olivenöl in einer beschichteten Pfanne erhitzen. Knoblauch darin unter Rühren kurz anbraten. Kichererbsen, Kumin, Koriander und Muskat dazugeben und unter Rühren kurz braten. Mit Salz und Pfeffer würzen. Kichererbsen mit Zitronensaft und Minze vermischen, durchziehen lassen.

Spinat mit wenig Salz in einen großen Topf geben, zugedeckt bei guter Hitze in 2 Minuten zusammenfallen lassen. Spinat in einem Sieb abtropfen lassen, grob hacken.

Kichererbsen, Spinat und Frühlingszwiebeln vermischen, mit Salz, Pfeffer und Zitronensaft abschmecken.

Pro Portion 197 kcal, 8 g E, 10 g F, 18 g KH, 0 mg Chol

Spargel mit Avocadodressing

Für 4 Portionen
1 kg weißer Spargel
Salz
3 Zitronenscheiben

Für das Dressing
1 reife Avocado
3–4 EL Zitronensaft
abgeriebene Schale von ¼ Bio-Zitrone
100 ml Spargel-Kochflüssigkeit
1 TL Dijon-Senf
2 EL Schnittlauchröllchen
3 EL Petersilie, fein gehackt
Salz, Pfeffer

Spargel gut schälen, die harten Enden abschneiden. Reichlich Salzwasser mit Zitronenscheiben zum Kochen bringen. Spargel darin in 15 Minuten bissfest kochen. Spargel aus dem Topf nehmen, abkühlen lassen. 100 ml Kochflüssigkeit abmessen.

Avocado schälen, in Stücke schneiden. Avocado, Zitronensaft und -schale, 100 ml Spargel-Kochflüssigkeit und Senf mit dem Mixstab glatt pürieren. Schnittlauch und Petersilie untermischen. Dressing mit Zitronensaft, Salz und Pfeffer abschmecken.

Spargel portionsweise mit dem Avocado-Dressing anrichten.

Pro Portion 138 kcal, 6 g E, 9 g F, 7 g KH, 0 mg Chol

Quinoasalat mit zweierlei Tomaten, Oliven und Nüssen

Für 4 Portionen
150 g Quinoa
½ TL Thymian
abgeriebene Schale von ¼ Bio-Zitrone
350 ml Wasser, gesalzen
3–4 EL Zitronensaft
2 EL Olivenöl
400 g Tomaten, sehr kleine Würfel
80 g getrocknete Tomaten, sehr kleine Würfel
8 schwarze Oliven, Stücke
2 Knoblauchzehen, fein gehackt
Salz, Pfeffer
2 EL geröstete Haselnüsse, gehackt
1 Bund Petersilie, fein gehackt

Quinoa, Thymian und Zitronenschale in kochendes Salzwasser einrühren, mit Thymian würzen. Quinoa zugedeckt 20 Minuten köcheln lassen, vom Herd nehmen. Nun 5 Minuten zugedeckt quellen lassen. Quinoa noch heiß mit Zitronensaft und Olivenöl vermischen.

Tomaten, getrocknete Tomaten, Oliven, Knoblauch, Salz und Pfeffer vermischen und etwas Saft ziehen lassen.

Quinoa mit dem Tomaten-Oliven-Dressing, Haselnüssen und Petersilie vermischen. Salat mit Salz und Pfeffer abschmecken.

Pro Portion 273 kcal, 6 g E, 12 g F, 33 g KH, 0 mg Chol

Nudelsalat mit Brokkoli und Pesto-Dressing

Für 2 Portionen
Für das Dressing

300 g Zucchini, fein geraspelt
1 Bund Basilikum, fein gehackt
3–4 EL Zitronensaft
3 EL Olivenöl
2 Knoblauchzehen, fein gehackt
Salz, Pfeffer

Für den Salat

200 g kleine Penne
    (oder Hörnchennudeln)
Salz
300 g Brokkoli, kleine Röschen
3 Frühlingszwiebeln (Jungzwiebeln),
    feine Ringe
4 EL Mandelblättchen, geröstet
½ Bund Rucola
150 g Cocktail-Tomaten, halbiert

Für das Dressing Zucchini, Basilikum, Zitronensaft und Olivenöl im Cutter oder mit dem Mixstab fein pürieren. Knoblauch mit dem Rührlöffel untermischen. Dressing mit Salz und Pfeffer abschmecken.

Nudeln in reichlich Salzwasser bissfest kochen, abgießen, kalt abschrecken und abtropfen lassen. Nudeln mit dem Pesto-Dressing vermischen und etwas durchziehen lassen.

Brokkoli in einem Siebeinsatz über Wasserdampf bissfest garen und grob hacken.

Marinierte Nudeln, Brokkoli und Frühlingszwiebeln vermischen. Nudelsalat mit Zitronensaft, Olivenöl, Salz und Pfeffer abschmecken. Mandelblättchen und Rucola untermischen. Salat mit Tomaten bestreut servieren.

Pro Portion 350 kcal, 13 g E, 12 g F, 44 g KH, 0 mg Chol

Salat für die Party

Dieser Salat lässt sich gut vorbereiten und macht sich gut auf dem Partybuffet. Wenn Sie größere Mengen davon zubereiten: Nudeln mit dem Pesto-Dressing vermischen und im Kühlschrank durchziehen lassen. Nudelsalat, Brokkoli, Rucola und Mandelblättchen erst kurz vor dem Servieren vermischen.

Rote-Bete-Kartoffel-Aufstrich mit Meerrettich

Für ca. 300 g

300 g mehlige Kartoffeln
100 g Rote Bete
1–2 EL Meerrettich, gerieben (Glas)
1–2 TL Zitronensaft
3 EL Soja-Sauerrahm
   (oder Sojajoghurt natur)
Salz

Kartoffeln und Rote Bete in der Schale weich kochen. Kartoffeln abziehen, durch die Kartoffelpresse drücken. Rote Bete abziehen, fein raspeln.

Rote Bete mit Meerrettich, Zitronensaft und Salz verrühren. Kartoffeln und Soja-Sauerrahm untermischen. Aufstrich mit Salz abschmecken.

Pro Esslöffel Portion 19 kcal, 1 g E, 0,5 g F, 4 g KH, 0 mg Chol

Paprika-Tomaten-Tapenade

Für ca. 300 g

2 rote Paprikaschoten, große Spalten
1 Zwiebel, Spalten
2 Knoblauchzehen
3 EL Olivenöl
70 g getrocknete Tomaten, kleine
   Stücke
4 EL gemahlene Mandeln
1 EL Zitronensaft
½ TL Thymian
½ TL edelsüßes Paprikapulver
Salz, Pfeffer

Backofen auf 180 °C (Umluft 160 °C) vorheizen. Paprika, Zwiebel und Knoblauch mit 1 EL Olivenöl vermischen, auf einem Backblech verteilen und im vorgeheizten Ofen 20 Minuten garen.

Paprika etwas abkühlen lassen, Haut so gut wie möglich abziehen. Paprika, Zwiebel und Knoblauch in Stücke schneiden.

Im Cutter oder mit dem Mixstab aus Paprika, Zwiebeln, Knoblauch, dem restlichen Olivenöl, getrockneten Tomaten, Mandeln, Zitronensaft, Thymian und Paprikapulver einen Aufstrich mixen. Paprika-Tomaten-Tapenade mit Salz und Pfeffer abschmecken.

Pro Esslöffel 38 kcal, 1 g E, 3 g F, 2 g KH, 0 mg Chol

Snacken, was das Gemüse hält

Diese pikanten Aufstriche sind auf knusprig gerösteten Crostini besonders schmackhaft. Mit Radieschen, Kresse, Cocktailtomaten und Salatblättchen bunt garniert, harmonieren sie auch mit herzhaftem Roggenvollkornbrot.

Auch gut als Wrap: Aufstrich großzügig auf einer Tortilla verteilen, darauf üppig Salatblättchen, Sprossen, klein geschnittene Tomaten, Gurken, Zwiebeln geben und das Ganze aufrollen.

Pilz-Kräuter-Aufstrich

Für ca. 200 g
2 EL Öl
1 kleine Zwiebel, fein gehackt
300 g Champignons, kleine Würfel
1 TL Zitronensaft
1 EL Mandelmus
½ TL Bio-Zitronenschale, fein gehackt
3 EL Petersilie, fein gehackt
Salz, Pfeffer

Öl in einer beschichteten Pfanne erhitzen. Zwiebel darin bei milder Temperatur zuerst weich dünsten, dann unter Rühren goldgelb braten. Champignons dazugeben, leicht salzen, unter Rühren braten, bis die Pilzflüssigkeit verdampft ist.

Im Cutter (Multizerkleinerer) oder mit dem Mixstab Champignons, Zitronensaft, Mandelmus und Zitronenschale zu einem Aufstrich mixen. Petersilie mit dem Rührlöffel unterrühren. Aufstrich mit Salz und Pfeffer abschmecken.

Pro Portion 23 kcal, 1 g E, 2 g F, 1 g KH, 0 mg Chol

Raffinierte Vorspeise oder kaltes Hauptgericht
Zum Spargel mit Avocadodressing (S. 81) kleine Toasts mit feinem Pilz-Kräuter-Aufstrich genießen.

Kürbis-Miso-Aufstrich mit Sesam

Für ca. 300 g
4 EL Öl
2 EL mildes Miso (Mugi- oder
  Shiro-Miso)
2 EL Sojasoße
½ TL Koriandersamen, zerstoßen
400 g Hokkaido-Kürbis, ungeschält,
  kleine Würfel
3 Knoblauchzehen
1 EL Zitronensaft
1 TL frischer Ingwer, fein gehackt
1 EL gerösteter Sesam, leicht zerstoßen
Salz, Chili

Backofen auf 180 °C (Umluft 160 °C) vorheizen. Backblech mit Backpapier belegen.

Öl, Miso, Sojasoße und Koriander glatt rühren. Kürbis und die ganzen Knoblauchzehen mit der Creme vermischen, auf dem Backblech verteilen und im vorgeheizten Backofen ca. 20 Minuten weich garen.

Kürbis und Knoblauch mit der Gabel fein zerdrücken. Kürbis, Zitronensaft, Ingwer und Sesam verrühren. Aufstrich mit Salz und Chili abschmecken.

Pro Esslöffel 29 kcal, 2 g F, 1 g E, 1 g KH, 0 mg Chol

Herzhaft kombinieren
Servieren Sie für eine gelungene kalte Hauptmahlzeit zum Spinat-Kichererbsen-Salat geröstetes Weizenvollkornbrot mit Kürbis-Miso-Aufstrich.

Glasnudelsalat mit Mandarinen, Tofu und Zitrusdressing

Für 4 Portionen
Für den Salat
100 g Glasnudeln (Vermicelli)
1 TL Öl
200 g Karotten, feine Stifte
    oder grob geraspelt
4 Mandarinen, kleine Stücke
3 EL Koriandergrün (oder Petersilie),
    fein gehackt

Für das Dressing
200 ml Mandarinensaft, frisch gepresst
2 EL Limettensaft
2–3 EL Sojasoße
1 EL geröstetes Sesamöl
1 TL frischer Ingwer, fein gehackt
Chili

Für den Tofu
1 EL Öl
250 g Tofu, natur, kleine Würfel
3 EL Cashewnüsse, grob gehackt
1 TL Koriandersamen, zerstoßen
1 Prise Muskatnuss, frisch gerieben
2 EL Sojasoße
4 Frühlingszwiebeln (Jungzwiebeln),
    feine Ringe

Glasnudeln mit der Schere in Stücke schneiden. Reichlich Wasser zum Kochen bringen, Glasnudeln darin 2 Minuten köcheln lassen, abgießen, kalt abschrecken, abtropfen lassen und mit Öl vermischen.

Für das Dressing Mandarinen- und Limettensaft, Sojasoße, Sesamöl, Ingwer und Chili verrühren. Dressing mit Salz abschmecken.

Glasnudeln, Karotten und Mandarinen mit dem Dressing vermischen. Salat etwas durchziehen lassen.

Öl in einer Pfanne erhitzen, Tofu und Cashewnüsse darin unter Rühren anbraten, mit Koriander und Muskat würzen, mit Sojasoße ablöschen. Unter Rühren braten, bis die Sojasoße verdampft ist.

Tofu und Frühlingszwiebeln mit dem Salat vermischen. Salat mit Sojasoße, Sesamöl, Chili und Limettensaft abschmecken, mit Koriandergrün bestreuen.

Pro Portion 321 kcal, 13 g E, 14 g F, 36 g KH, 0 mg Chol

Grüne Suppe mit Petersilie, Erbsen und Lauch

Für 4 Portionen

1 Bund Petersilie
1 l Gemüsebrühe (Gemüsesuppe)
200 g Lauch, feine Streifen
100 g Kartoffeln, kleine Würfel
1 Stück Bio-Zitronenschale (2 x 2 cm)
1 TL frischer Ingwer, gehackt
1 TL Liebstöckel
200 g junge, TK-Erbsen
4 EL Sojasahne (Hafer-, Reissahne)
2 TL Zitronensaft
1 Prise Muskatnuss, frisch gerieben
Salz, Pfeffer

Petersilienblättchen abzupfen. Petersilienstängel fein schneiden. Petersilienblättchen fein hacken.

Gemüsebrühe zum Kochen bringen. Petersilienstängel, Lauch, Kartoffeln, Zitronenschale, Ingwer und Liebstöckel dazugeben. Zugedeckt 7 Minuten köcheln lassen.

Erbsen unterrühren, weitere 3 Minuten köcheln lassen. Sojasahne und gehackte Petersilie dazugeben. Suppe mit dem Mixstab fein pürieren, mit Zitronensaft, Muskat, Salz und Pfeffer abschmecken.

Pro Portion 87 kcal, 5 g E, 4 g F, 8 g KH, 0 mg Chol

Fenchel-Süßkartoffel-Suppe mit Orangen

Für 4 Portionen

2 EL Öl
1 Zwiebel, fein gehackt
1 TL Koriandersamen, zerstoßen
½ TL Fenchelsamen, zerstoßen
¼ TL Zimtpulver
1 Prise Muskatnuss, frisch gerieben
300 g Süßkartoffeln, kleine Stücke
250 g Fenchel, kleine Stücke
1 l Gemüsebrühe (Gemüsesuppe)
1 Stück Bio-Zitronenschale (2 x 3 cm)
1 Stück Bio-Orangenschale (3 x 4 cm)
1 Orange, kleine Stücke
½–1 EL Zitronensaft
Salz, Pfeffer
2 Frühlingszwiebeln (Jungzwiebeln),
    feine Ringe

Für die Garnitur

Minzeblättchen
Bio-Orangen-Scheibchen
Zimtpulver

Öl in einem beschichteten Topf erhitzen. Zwiebel darin bei milder Hitze weich dünsten. Koriander, Fenchel, Zimt und Muskat dazugeben, unter Rühren kurz anrösten.

Süßkartoffeln und Fenchel dazugeben, leicht salzen, kurz anbraten. Gemüsebrühe, Zitronen- und Orangenschale dazugeben. Suppe zum Kochen bringen. Gemüse ca. 12 Minuten köcheln lassen.

Orangen und Zitronensaft dazugeben, Suppe mit dem Mixstab fein pürieren, mit Salz und Pfeffer abschmecken, mit Frühlingszwiebeln bestreuen. Suppe mit Minze, Orangenscheiben und 1 Prise Zimt garnieren.

Pro Portion 175 kcal, 3 g E, 6 g F, 26 g KH, 0 mg Chol

Florentiner Suppentopf mit Steinpilzen

Für 4 Portionen

20 g getrocknete Steinpilze
2 EL Olivenöl
1 Zwiebel, fein gehackt
4 Knoblauchzehen, fein gehackt
1 Prise Muskatnuss, frisch gerieben
1 l Gemüsebrühe (Gemüsesuppe)
1 TL Thymian
1 TL Basilikum
2 Lorbeerblätter
2 Stängel Bleichsellerie, dünne Scheiben
100 g Karotten, dünne Scheiben
100 g grüne Bohnen, kleine Stücke
200 g weiße Bohnen aus der Dose,
   abgetropft
100 g Zucchini, dünne Scheiben
3 geschälte Tomaten (Dose, TetraPak),
   kleine Stücke
Salz, Pfeffer

Steinpilze in 200 ml heißem Wasser 30 Minuten einweichen, in ein Sieb abgießen, Einweichwasser auffangen. Steinpilze fein hacken.

Öl in einem beschichteten Topf erhitzen. Zwiebel darin bei milder Hitze glasig dünsten. Knoblauch und Muskat dazugeben, kurz unter Rühren anrösten. Gemüsebrühe, Thymian, Basilikum und Lorbeer dazugeben. Suppe 5 Minuten köcheln lassen.

Bleichsellerie, Karotten und grüne Bohnen dazugeben, weitere 7 Minuten köcheln lassen.

Steinpilze, Steinpilzeinweichwasser, weiße Bohnen, Zucchini und Tomaten untermischen. Nochmals 3 Minuten köcheln lassen, mit Salz und Pfeffer abschmecken.

Pro Portion 132 kcal, 7 g E, 6 g F, 13 g KH, 0 mg Chol

Besonders gut

Suppentopf portionsweise mit einem Klecks Pesto servieren.

Herzhafter Pesto mit Sonnenblumenkernen

Für ca. 180 g

50 g Sonnenblumenkerne
2 EL Sojasoße
6 EL Olivenöl
3 EL Zitronensaft
1 Bund Basilikum, gehackt
½ Bund Petersilie, gehackt
2 Knoblauchzehen, fein gehackt
Salz, Pfeffer

Sonnenblumenkerne in einer trockenen Pfanne unter Rühren kurz anrösten (Vorsicht, sie werden rasch schwarz). Sojasoße dazugeben, unter Rühren nur so lange erhitzen, bis die Flüssigkeit verdampft ist.

Im Cutter (Multizerkleinerer) aus Sonnenblumenkernen, Olivenöl, Zitronensaft, Basilikum und Petersilie ein Pesto mixen. Knoblauch mit dem Rührlöffel untermischen. Pesto mit Salz und Pfeffer abschmecken.

Pro Teelöffel 30 kcal, 1 g E, 3 g F, 1 g KH, 0 mg Chol

Herzhafter Pesto, im Cutter blitzschnell gemixt, schmeckt in Suppen, mit Pasta und regt zu neuen Rezepten an.

Sanft geschmorte Tomaten mit Pesto - Rezept auf www.elisabeth-fischer.com

knusprig geröstetes Vollkornbaguette mit Pesto bestreichen

Spinat-Erbsen-Suppe mit Minze

Für 4 Portionen

1 l Gemüsebrühe (Gemüsesuppe)
150 g mehlige Kartoffeln, kleine Stücke
150 g Lauch, feine Streifen
300 g junge (TK-)Erbsen
1 Stück Bio-Zitronenschale (2 x 3 cm)
1 Prise Muskatnuss, frisch gerieben
150 g (TK-)Spinat
2 EL Nussmus (oder Öl)
1 EL Zitronensaft
Salz, Pfeffer
1 EL frische Minze, fein geschnitten

Gemüsebrühe zum Kochen bringen. Kartoffeln und Lauch dazugeben, zugedeckt 10 Minuten köcheln lassen.

Erbsen, Zitronenschale und Muskat untermischen und weitere 3 Minuten köcheln lassen.

Spinat unterrühren, noch 1 Minute köcheln lassen. Nussmus (oder Öl) und Zitronensaft dazugeben. Suppe mit dem Mixstab fein pürieren, mit Salz, Pfeffer und Zitronensaft abschmecken, mit Minze bestreut servieren.

Pro Portion 139 kcal, 8 g E, 4 g F, 17 g KH, 0 mg Chol

Nussige Blumenkohl-Topinambur-Suppe

Für 4 Portionen

60 g Cashewnüsse, gehackt
1 Prise Muskatnuss, frisch gerieben
1 TL Koriandersamen, zerstoßen
1 TL Fenchelsamen, zerstoßen
1100 ml Gemüsebrühe (Gemüsesuppe)
150 g Lauch, feine Streifen
1 TL frischer Ingwer, gehackt
1 Stück Bio-Zitronenschale (2 x 3 cm)
250 g Blumenkohl (Karfiol), kleine
    Röschen
250 g Topinambur, kleine Stücke
4 EL Petersilie, fein gehackt
Salz, Pfeffer

Cashewnüsse, Muskat, Koriander und Fenchel in einem trockenen, beschichteten oder gusseisernen Topf unter Rühren kurz anrösten.

Mit Gemüsebrühe aufgießen, Lauch, Ingwer und Zitronenschale dazugeben, zum Kochen bringen und zugedeckt 8 Minuten köcheln lassen.

Blumenkohl und Topinambur dazugeben, weitere 10 Minuten köcheln lassen. Suppe mit dem Mixstab fein pürieren, mit Muskat, Salz und Pfeffer abschmecken. Mit Petersilie bestreut servieren.

Pro Portion 130 kcal, 7 g F, 7 g E, 10 g KH, 0 mg Chol

5 Tage
Vegan genießen

Sellerie-Maroni-Suppe mit Apfel und Nüssen

Für 4 Portionen

1 ½ EL Öl
1 große Zwiebel, fein gehackt
300 g Sellerie, kleine Würfel
1 Prise Muskatnuss, frisch gerieben
1 TL Koriandersamen, zerstoßen
1200 ml Gemüsebrühe (Gemüsesuppe)
1 TL frischer Ingwer, gehackt
1 Stück Bio-Zitronenschale (2 x 3 cm)
1 saftiger, säuerlicher Apfel, Stücke
100 g gekochte Maroni (Esskastanien),
   Stücke
2 EL Sojasahne (Hafer- oder Reissahne)
1 TL Zitronensaft
Salz, Pfeffer

Für die Garnitur

½ EL Öl
1 saftiger, säuerlicher Apfel,
   feine Scheiben
2 EL geröstete Haselnüsse, gehackt
2 EL Petersilie, fein gehackt

Öl in einem beschichteten Topf erhitzen. Zwiebel darin bei milder Hitze weich dünsten.

Sellerie, Muskat und Koriander dazugeben, unter Rühren kurz anbraten. Gemüsebrühe unterrühren, mit Ingwer und Zitronenschale würzen. Alles zum Kochen bringen und zugedeckt 10 Minuten köcheln lassen.

Apfelstücke und Maroni dazugeben, weitere 5 Minuten köcheln lassen.

Sojasahne und Zitronensaft untermischen. Suppe mit dem Mixstab fein pürieren, mit Zitronensaft, Salz und Pfeffer abschmecken.

Für die Garnitur Öl in einer beschichteten Pfanne erhitzen. Apfelscheiben darin auf beiden Seiten anbraten.

Suppe portionsweise mit gebratenen Apfelscheiben, Haselnüssen und Petersilie anrichten.

Pro Portion 237 kcal, 3 g E, 12 g F, 28 g KH, 0 mg Chol

Schon Hildegard von Bingen empfiehlt Esskastanien

Maroni waren vor 800 Jahren ein gefragtes Grundnahrungsmittel. Hildegard von Bingen verordnete sie auch zur Stärkung der Nerven und der Konzentration. Heute gibt es Esskastanien vorgekocht und luftdicht verpackt im Supermarkt.

Kokos-Curry-Nudelsuppe mit Pilzen und Spinat

Für 4 Portionen

400 ml Kokosmilch
1 Zwiebel, fein gehackt
2 Knoblauchzehen, fein gehackt
1 ½ TL frischer Ingwer, fein gehackt
1 Stück Bio-Zitronenschale (3 x 3 cm)
1 TL Currypulver
800 ml Gemüsebrühe (Gemüsesuppe)
100 g Karotten, dünne Scheiben
200 g Pilze (Champignons, Shitake),
    dünne Scheiben
200 g Spinat
Salz
1–2 EL Zitronensaft
150 g Reisnudeln (Rice Sticks)

Zum Garnieren

4 Frühlingszwiebeln (Jungzwiebeln),
    feine Ringe
½ Bund Basilikum, fein geschnitten
1 EL Minze, fein geschnitten

Kokosmilch mit Zwiebel, Knoblauch, Ingwer, Zitronenschale und Currypulver aufkochen und 10 Minuten zugedeckt köcheln lassen. Alles mit dem Mixstab fein pürieren. Gemüsebrühe untermischen. Suppe zum Kochen bringen. Karotten dazugeben, 2 Minuten köcheln lassen. Pilze dazugeben und weitere 2 Minuten köcheln lassen.

Spinat mit wenig Salz in einen großen Topf geben, zugedeckt in 2 Minuten zusammenfallen und in einem Sieb abtropfen lassen. Spinat in große Stücke schneiden. Spinat in die Suppe rühren, einen Moment erhitzen, mit Salz und Zitronensaft abschmecken.

Nudeln nach Packungsanleitung kochen, abgießen, abtropfen lassen, auf Portionsschüsseln verteilen. Suppe darauf geben, mit Frühlingszwiebeln, Basilikum und Minze bestreuen.

Pro Portion 375 kcal, 11g E, 18 g F, 42 g KH, 0 mg Chol

Tipp
Mit gebratenem Thai-Tofu wird die Nudelsuppe zur Hauptmahlzeit.

Gebratener Thai-Tofu

Für 4 Portionen

3 EL Zwiebeln, gehackt
2 Knoblauchzehen, gehackt
1 EL frischer Ingwer, gehackt
3 EL Koriandergrün, gehackt
abgeriebene Schale von ¼ Bio-Zitrone
2 EL Zitronensaft
3 EL Sojasoße
1 TL Currypulver
3 EL Öl
400 g Tofu, natur, dünne Scheiben

Zwiebeln, Knoblauch, Ingwer, Koriander, Zitronenschale und -saft, Sojasoße, Curry und Öl im Cutter oder mit dem Mixstab eine Würzpaste mixen.

Tofu rundum mit der Paste bestreichen, 3 Stunden kalt stellen, aus der Paste nehmen, Öl in einer beschichteten Pfanne erhitzen und Tofu auf beiden Seiten braten.

Pro Portion 131 kcal, 11 g E, 9 g F, 2 g KH, 0 mg Chol

Herzhafte Tomatensuppe

Für 4 Portionen

2 EL Olivenöl
1 Zwiebel, fein gehackt
3 Knoblauchzehen
100 g Karotten, kleine Stücke
50 g Sellerie, kleine Stücke
50 g Petersilienwurzel, kleine Stücke
400 ml Gemüsebrühe (Gemüsesuppe)
800 g geschälte Tomaten, Stücke (Dose)
1 TL Thymian
1 TL Oregano
1 TL Fenchelsamen, zerstoßen
2 Lorbeerblätter
Salz, Pfeffer
4 EL Petersilie, fein gehackt

Olivenöl in einem großen beschichteten Topf erhitzen. Zwiebel zuerst bei milder Hitze weich dünsten, dann unter Rühren goldgelb braten.

Knoblauch, Karotten, Sellerie und Petersilienwurzel untermischen, unter Rühren kurz anbraten. Gemüsebrühe dazugeben, 10 Minuten zugedeckt köcheln lassen.

Tomaten, Thymian, Oregano, Fenchelsamen und Lorbeer untermischen. Suppe zugedeckt weitere 10 Minuten köcheln lassen.

Lorbeerblätter entfernen. Suppe mit dem Mixstab fein pürieren, mit Salz und Pfeffer abschmecken, mit Petersilie bestreut servieren.

Pro Portion 96 kcal, 3 g E, 6 g F, 8 g KH, 0 mg Chol

Kleiner Dip – große Wirkung

Mit einem Klecks Cashew-Knoblauch-Dip angerichtet, schmeckt die Suppe noch besser! Reichen Sie dazu auch Croûtons.

Cashew-Knoblauch-Dip (für 4 Portionen): 30 g Cashewnüsse, gehackt; 1 Knoblauchzehe, gehackt ; 100 ml Sojasahne (Hafer- oder Reissahne); Salz, Pfeffer
Mit dem Mixstab oder im Cutter (Multizerkleinerer) aus Cashewnüssen, Knoblauch und Sojasahne eine glatte Creme mixen. Mit Salz und Pfeffer abschmecken.

Knusprige Croûtons (für 4 Portionen): 2 Scheiben Vollkorntoast, kleine Würfel; 2 TL Olivenöl; 1 Prise Muskatnuss, frisch gerieben; ½ TL Koriandersamen, zerstoßen
Die Vollkorntoasts unter Rühren knusprig braun rösten. Mit Muskat und Koriander bestreuen, nochmals kurz anrösten.

Andalusischer Kichererbseneintopf mit Kürbis

Für 4 Portionen

150 g Kichererbsen,
  über Nacht eingeweicht
1 große Zwiebel, fein gehackt
4 Knoblauchzehen, dünne Scheiben
4 EL Olivenöl
1,5 l Wasser
2–3 TL Instant Gemüsebrühe
  (Gemüsesuppe)
2 Lorbeerblätter
150 g Karotten, Scheiben
150 g Kartoffeln, Stücke
250 g Kürbis (Muskat, Butternuss),
  Stücke
1 Stängel Bleichsellerie, dünne Scheiben
150 g Lauch, Scheiben
2 Tomaten, abgezogen, Stücke
3 Stiele frische Minze
Salz, Pfeffer

Eingeweichte Kichererbsen abgießen und abtropfen lassen. Kichererbsen, Zwiebel, Knoblauch, Olivenöl und Wasser in den Schnellkochtopf geben. Kichererbsen unter Druck ca. 1 Stunde weich kochen. (Im normalen Kochtopf in ca. 1 ½–2 Stunden, danach Kochflüssigkeit mit Wasser auf 1,5 l auffüllen)

Kichererbsensuppe mit Instant Gemüsebrühe und Lorbeer würzen, aufkochen lassen. Karotten und Kartoffeln untermischen, 10 Minuten köcheln lassen. Kürbis, Bleichsellerie, Lauch, Tomaten und Minze untermischen, weitere 7 Minuten köcheln lassen. Suppe mit Salz und Pfeffer abschmecken.

Pro Portion 297 kcal, 11 g E, 13 g F, 34 g KH, 0 mg Chol

Mit Weizenvollkornbrot – der Tradition zuliebe

In Andalusien wurde vor dem Siegeszug des Weißmehls zu Eintöpfen herzhaftes Vollkornbrot, das sogenannte »pan macho« aus fein gemahlenem Weizen gegessen. Lassen Sie sich darum ganz stilecht zu diesem Eintopf eine Scheibe Vollkornbrot schmecken – es darf auch in die Suppe getunkt werden!

Mexikanischer Bohneneintopf

Für 4 Portionen

200 g Wachtelbohnen (oder rote
   Bohnen), über Nacht eingeweicht
900 ml Wasser
3 EL Olivenöl
1 große Zwiebel, fein gehackt
4 Knoblauchzehen, fein gehackt
1 TL Kumin, zerstoßen
1 TL Koriandersamen, zerstoßen
1 TL Fenchelsamen, zerstoßen
1 Prise Muskatnuss, frisch gerieben
200 ml passierte Tomaten
   (Glas, TetraPak)
4 EL Sojasoße
2 TL Rosenpaprikapulver, edelsüß
2–3 TL Instant Gemüsebrühe
   (Gemüsesuppe)
Salz, Chili

Bohnen abgießen, gut abtropfen lassen. Bohnen mit 900 ml Wasser in den Schnellkochtopf geben, unter Druck in ca. 20 Minuten weich kochen. (Im normalen Topf ca. 1 Stunde).

Öl in einem beschichteten Topf erhitzen, Zwiebel darin bei milder Hitze zuerst weich dünsten, dann unter Rühren goldgelb braten. Knoblauch, Kumin, Koriander, Fenchelsamen und Muskat untermischen, unter Rühren kurz anrösten.

Bohnen, Garflüssigkeit und passierte Tomaten unterrühren. Mit Sojasoße, Paprikapulver, Gemüsebrühe und Chili würzen. Eintopf ca. 10 Minuten köcheln lassen, mit Salz und Chili abschmecken.

Pro Portion 247 kcal, 14 g E, 9 g F, 27 g KH, 0 mg Chol

So wird daraus ein Hauptgericht
Servieren Sie den mexikanischen Bohneneintopf mit einem Klecks Soja-Sauerrahm und etwas Salsa picante (S. 78) und Tortillas.

Die schnellste gelbe Erbsensuppe

Für 4 Portionen

250 g gelbe Spalterbsen
1250 ml Wasser
1 Lorbeerblatt
2 EL Olivenöl
2–3 TL Instant Gemüsebrühe
   (Gemüsesuppe)
1 TL Liebstöckel
1 Prise Muskat, frisch gerieben
1 Stück Bio-Zitronenschale (2 x 3 cm)
Salz
1 TL Zitronensaft
1 EL Minze, fein geschnitten

Erbsen mit 1250 ml kaltem Wasser, Lorbeerblatt und Öl im Schnellkochtopf zum Kochen bringen, unter Druck 20 Minuten weich kochen (im normalen Kochtopf in 50 Minuten).

Instant Gemüsesuppe, Liebstöckel, Muskat und Zitronenschale dazugeben, 5 Minuten köcheln lassen. Erbsensuppe und Zitronensaft mit dem Mixstab fein pürieren, mit Minze bestreut servieren.

Pro Portion 224 kcal, 15 g E, 6 g F, 27 g KH, 0 mg Chol

Penne mit Auberginen, Tomaten und Oliven

Für 4 Portionen

600 g Auberginen, 1 cm dünne Scheiben
3 EL Olivenöl
6 Knoblauchzehen, fein gehackt
800 g geschälte Tomaten, Stücke
   (Dose, TetraPak)
1 TL Thymian
1 TL Oregano
2 Lorbeerblätter
Salz, Pfeffer
12 g schwarze Oliven, Stücke
2 EL Kapern, grob gehackt
320 g Penne (aus Hartweizengrieß)
4 EL Basilikum, fein geschnitten
2 EL geröstete Pinienkerne, grob
   gehackt

Backofen auf 180 °C (Umluft 160 °C) vorheizen. Backblech mit Backpapier belegen. Auberginen nebeneinander darauf legen, mit wenig Öl bestreichen, leicht salzen, im vorgeheizten Ofen 10 Minuten braten, umdrehen, weitere 8–10 Minuten braten. Auberginen fein schneiden.

Restliches Öl in einem flachen beschichteten Topf erhitzen. Knoblauch darin unter Rühren anbraten. Tomaten, Thymian, Oregano, Lorbeerblätter dazugeben, mit Salz und Pfeffer würzen, 10 Minuten köcheln lassen.

Auberginen untermischen, weitere 4 Minuten köcheln lassen. Oliven und Kapern untermischen, kurz erhitzen, salzen und pfeffern.

Penne in Salzwasser bissfest kochen, abgießen, abtropfen lassen. Penne mit Auberginensugo und Basilikum vermischen, mit gerösteten Pinienkernen bestreut servieren.

Pro Portion 443 kcal, 13 g E, 14 g F, 65 g KH, 0 mg Chol

Sesamnudeln mit Champignons und Sprossen

Für 4 Portionen

320 g vegane Asianudeln
Salz
2½ EL Öl
3 EL Sojasoße
6 EL weißer Traubensaft
1 EL Zitronensaft
1 TL frischer Ingwer, fein gehackt
1 gestrichener TL Kartoffelstärke
Chili
400 g Champignons, dünne Scheiben
200 g Lauch, feine Streifen
100 g Sojasprossen
Chili
2 EL gerösteter Sesam

Asianudeln in Salzwasser bissfest kochen, abgießen und abtropfen lassen, mit ½ EL Öl vermischen. Sojasoße, Traubensaft, Zitronensaft, Ingwer, Kartoffelstärke und Chili glatt rühren.

Im Wok oder einer beschichteten Pfanne 1 EL Öl erhitzen. Pilze darin unter Rühren kurz braten, mit der Soße vermischen. Kurz köcheln lassen, bis die Soße bindet. Pilze aus dem Wok nehmen. Wok auswaschen.

1 EL Öl im Wok erhitzen. Lauch dazugeben, unter Rühren kurz braten. Sprossen untermischen, kurz braten.

Pilze und Nudeln untermischen, alles kurz erhitzen, mit Sesam bestreut servieren.

Pro Portion 407 kcal, 15 g E, 10 g F, 63 g KH, 0 mg Chol

Spaghetti mit Paprika und Tomaten aus dem Ofen

Für 4 Portionen

1 Zwiebel, große Spalten
4 Knoblauchzehen
2 rote Paprikaschoten, geviertelt
800 g Tomaten, halbiert
2 EL Olivenöl
400 g kleine, feste Zucchini,
    dünne Scheiben
1 TL Basilikum
1 TL Thymian
300 g Spaghetti
Salz, Pfeffer

Backofen auf 180 °C (Umluft 160 °C) vorheizen. Zwiebel, Knoblauch und Paprika mit wenig Olivenöl vermischen, nebeneinander auf das Backblech legen.

Tomaten mit der Schnittfläche nach oben nebeneinander auf das Backblech setzen.

Gemüse mit Basilikum und Thymian bestreuen und im vorgeheizten Ofen 20–30 Minuten braten. Die letzten 10 Minuten die Zucchini auf das Backblech legen.

Haut der Paprikaschoten so gut wie möglich abziehen. Die Hälfte der Paprika in feine Streifen schneiden. Paprikastreifen und Zucchini im abgeschalteten Ofen warm halten. Restliche Paprika grob hacken.

Tomaten abziehen, in Stücke schneiden. Tomaten, gehackte Paprika, Zwiebel und Knoblauch mit dem Mixstab fein pürieren. Soße mit Salz, Pfeffer, Thymian und Basilikum abschmecken.

In der Garzeit der Gemüse die Spaghetti in reichlich Salzwasser bissfest kochen, abgießen und abtropfen lassen.

Soße in einem kleinen Topf nochmals erhitzen und Spaghetti portionsweise mit der Soße, Paprikastreifen und Zucchini anrichten.

Pro Portion 347 kcal, 15 g E, 2 g F, 66 g KH, 0 mg Chol

Steinpilz-Gemüse-Ragout mit Seitan

Für 4 Portionen

20 g Steinpilze, getrocknet
150 ml Wasser
200 g Seitan
2 EL Olivenöl
1 Zwiebel, fein gehackt
100 g Karotten, sehr klein gewürfelt
½ Fenchelknolle, sehr klein gewürfelt
100 g Lauch, sehr feine Streifen
4 Knoblauchzehen, fein gehackt
4 Pimentkörner, zerstoßen
1 Prise Muskatnuss, frisch gerieben
3 EL Sojasoße
600 g geschälte, gewürfelte Tomaten
    (Dose, TetraPak)
2 Lorbeerblätter
1 TL Thymian
1 TL Oregano
1 TL Basilikum
Salz, Pfeffer

Steinpilze in 150 ml heißem Wasser 30 Minuten einweichen, in ein Sieb abgießen, Einweichwasser auffangen. Steinpilze fein hacken.

Seitan fein hacken.

Olivenöl in einer großen, beschichteten Pfanne erhitzen. Zwiebel darin weich dünsten. Karotten, Fenchel und Lauch dazugeben, unter Rühren kurz braten.

Seitan, Knoblauch, Piment und Muskat dazugeben, unter Rühren kurz braten. Sojasoße untermischen und unter Rühren weiter kurz braten.

Tomaten, Steinpilze, Steinpilzeinweichwasser, Lorbeerblätter, Thymian, Oregano und Basilikum untermischen. Sugo 10 Minuten köcheln lassen. Mit Salz und Pfeffer abschmecken.

Pro Portion 175 kcal, 16 g E, 7 g F, 12 g KH, 0 mg Chol

Passt zu vielem

Dieses rund gewürzte Ragout nach italienischem Vorbild schmeckt zu Nudeln, zu Reis, Polenta, Couscous, Quinoa, Hirse oder Amaranth aber auch zu Ofenkartoffeln (S. 41) und es ist eine prima Füllung für Folienkartoffeln (S. 42)

Tipp

Bereiten Sie das Sugo statt mit Seitan mit fein zerbröseltem Tofu zu!

Und jetzt werden die Tomaten untergemischt. Das Steinpilz-Gemüse-Ragout regt zu neuen Rezepten an

Schmeckt auch mit Thymian-Zucchini und gebratenen Polentalern – Rezepte auf meiner website.

Würziges Auberginen-Kartoffel-Gratin mit saftiger Ragoutfüllung, Rezept auf www.elisabeth-fischer.com

Grüne Wraps mit fruchtig-nussigem Tomatenreis

Für 8 Wraps
Für die Füllung

150 g Naturreis
350 ml Gemüsebrühe (Gemüsesuppe)
2 EL Öl
1 Zwiebel, fein gehackt
20 g Cashewnüsse, gehackt
¼ TL Zimt
½ TL Koriandersamen, zerstoßen
1 Prise Muskatnuss, frisch gerieben
1 kleine, saftige Birne, kleine Stücke
½–1 EL Zitronensaft
300 g geschälte Tomaten, Stücke
   (TetraPak, Dose)
2 EL Rosinen, fein gehackt

Für die Wraps

8 große Wirsingblätter (Kohlblätter)
1 Karotte, feine Streifen
3 Frühlingszwiebeln (Jungzwiebeln),
   feine Streifen
8 Stängel Koriandergrün (Petersilie)
Salz, Pfeffer

Reis mit Gemüsebrühe zum Kochen bringen und zugedeckt 45–50 Minuten gar köcheln lassen.

Öl in einem beschichteten Topf erhitzen. Zwiebel darin weich dünsten. Nüsse, Zimt, Koriander und Muskat dazugeben, kurz anrösten.

Birne und Zitronensaft untermischen, unter Rühren kurz braten. Tomaten und Rosinen untermischen, mit Salz abschmecken. Soße zugedeckt 10 Minuten köcheln lassen.

Reis untermischen. Alles kurz unter Rühren erhitzen. Füllung mit Salz, Pfeffer und Muskat abschmecken.

Wirsingblätter 1 Minute in reichlich kochendem Salzwasser blanchieren, gut abtropfen lassen, mit Küchenpapier trockentupfen.

Auf jedes Wirsingblatt etwas von der Füllung geben, darauf Karotte, Jungzwiebeln und einen Korianderstängel legen.

Wirsingblätter seitlich einschlagen und aufrollen. Wraps mit Zahnstochern feststecken und halbieren. Dazu den Zitronen-Nuss-Dip reichen.

Pro Wrap 149 kcal, 4 g E, 4 g F, 23 g KH, 0 mg Chol

Zitronen-Nuss-Dip

Für 8 Wraps

30 g Nussmus
70 g Soja-Sauerrahm (oder Sojasahne)
2 EL Zitronensaft
1 TL gehackte Bio-Zitronenschale
¼ TL Koriandersamen, zerstoßen
100 ml Gemüsebrühe (Gemüsesuppe)
Salz, Pfeffer

Alle Zutaten mit dem Mixstab zu einer glatten Soße pürieren. Dip mit Salz und Pfeffer abschmecken.

Pro Wrap 46 kcal, 8 g E, 4 g F, 2 g KH, 0 mg Chol

Herzhafte Tofuburger

Für 4 Portionen

200 g fester Tofu
100 g geräucherter Tofu
3 EL Zwiebeln, fein gehackt
1 Knoblauchzehe, fein gehackt
2–3 EL Sojasoße
2 TL Dijon-Senf
1 Prise Muskatnuss, frisch gerieben
2 EL Karotten, grob geraspelt
2 EL Semmelbrösel
1 EL Mehl
1 EL Petersilie, fein gehackt
2 EL Öl
Salz, Pfeffer

Tofu und geräucherten Tofu mit der Gabel sehr fein zerdrücken. Tofu, geräucherten Tofu, Zwiebeln, Knoblauch, Sojasoße, Dijon-Senf, Muskat, Karotten, Semmelbrösel, Mehl und Petersilie vermischen, mit Salz und Pfeffer abschmecken.

Damit die Burger zusammenhalten, die Masse mit den Händen gut verkneten und daraus kleine, flache Burger formen.

Öl in einer beschichteten Pfanne erhitzen, Tofuburger darin auf beiden Seiten goldbraun braten.

Pro Portion 147 kcal, 10 g E, 9 g F, 7 g KH, 0 mg Chol

Schneller Snack

Die Tofuburger schmecken auch kalt. Vollkornbrötchen halbieren, mit Senf bestreichen, darauf Salatblättchen, Tofuburger, Zwiebelringe, Tomaten- und Gurkenscheiben legen. Wer's mag, gibt noch Ketchup drauf – fertig!

Salat von grünen Bohnen mit Sesam-Dressing

Für 4 Portionen

600 g grüne (TK-)Bohnen (Fisolen),
    3 cm lange Stücke
2 EL Essig
1 EL Olivenöl
1 kleine, rote Zwiebel, fein gehackt
Salz, Pfeffer

Für das Dressing

2 EL gerösteter Sesam
150 g Sojajoghurt, natur
1–2 EL Zitronensaft
1 Knoblauchzehe, fein gehackt
Salz, Pfeffer

Bohnen über Wasserdampf zugedeckt ca. 7 Minuten bißfest garen. Bohnen mit Essig, Öl und Zwiebel vermischen, mit Salz und Pfeffer abschmecken, etwas durchziehen lassen.

Sesam, 50 g Sojajoghurt und Zitronensaft glatt mixen. Restlichen Sojajoghurt und Knoblauch mit der Gabel untermischen. Dressing mit Salz und Pfeffer abschmecken. Bohnensalat portionsweise mit dem Dressing anrichten.

Der Salat schmeckt prima zu den Tofuburgern!

Pro Portion 127 kcal, 6 g E, 8 g F, 8 g KH, 0 mg Chol

Spargelragout mit Frühlingsgemüse und Pilzen

Für 4 Portionen

700 ml Gemüsebrühe
4 dünne Scheiben Bio-Zitrone
700 g weißer Spargel, kleine Stücke
150 g junge Karotten, dünne Scheiben
150 g Champignons, dünne Scheiben

Für die Soße

5 EL Öl
60 g Mehl
1 Lorbeerblatt
1 Prise Muskatnuss, frisch gerieben
1 TL Liebstöckel
abgeriebene Schale von ½ Bio-Zitrone
4 EL Sojasahne (Reis-, Hafersahne)
1 EL Zitronensaft
4 Frühlingszwiebeln (Jungzwiebeln),
    feine Ringe
2 EL Petersilie, gehackt
Salz, Pfeffer

Gemüsebrühe mit Zitronenscheiben aufkochen, Spargel und Karotten dazugeben, 5 Minuten köcheln lassen. Dann Champignons dazugeben, weitere 2 Minuten köcheln lassen. Gemüse in ein Sieb abgießen, Garflüssigkeit auffangen.

Für die Soße das Öl in einem flachen, beschichteten Topf erhitzen. Mehl untermischen, bei milder Temperatur unter Rühren einige Minuten anrösten, bis es angenehm duftet (es darf nicht braun werden).

Heiße Garflüssigkeit einrühren. Soße glatt rühren, mit Lorbeer, Muskat, Liebstöckel und Zitronenschale würzen. Soße bei milder Temperatur ca. 20 Minuten köcheln lassen, immer wieder umrühren. Sojasahne unterrühren

Spargel, Karotten, Pilze und Frühlingszwiebeln unterrühren, kurz erhitzen. Spargel-Ragout mit Zitronensaft, Salz und Pfeffer abschmecken und mit Petersilie bestreut servieren. Dazu schmeckt das Erbsenpüree.

Pro Portion 247 kcal, 7 g E, 16 g F, 18 g KH, 0 mg Chol

Erbsenpüree mit Minze

Für 4 Portionen

200 g mehlige Kartoffeln
100 ml Gemüsebrühe (Gemüsesuppe)
100 ml Sojadrink, ungesüßt oder
    Mandelmilch, ungesüßt (S. 29)
1 Prise Muskatnuss, frisch gerieben
1 TL Bio-Zitronenschale, fein gehackt
400 g grüne (TK-)Erbsen
2 TL frische Minze, gehackt
Salz

Kartoffeln in der Schale weich dämpfen, abziehen und durch die Kartoffelpresse drücken.

Gemüsebrühe mit Sojadrink, Muskat und Zitronenschale aufkochen, Erbsen dazugeben, leicht salzen, zugedeckt 4 Minuten köcheln lassen.

Kartoffeln untermischen. Alles kurz erhitzen und mit dem Mixstab fein pürieren. Erbsenpüree mit Salz und Muskat abschmecken, Minze untermischen.

Pro Portion 128 kcal, 8 g E, 1 g F, 20 g KH, 0 mg Chol

Blumenkohl in Walnusssoße mit Kapern

Für 4 Portionen
500 ml Gemüsebrühe
1 Stück Bio-Zitronenschale (2 x 3 cm)
800 g Blumenkohl, kleine Röschen
1 EL Öl
1 Zwiebel, fein gehackt
50 g Walnüsse (Mandeln, Cashewnüsse),
   gehackt
1 Prise Muskatnuss, frisch gerieben
1–2 TL Zitronensaft
2 EL Kapern, gehackt
3 EL Petersilie, fein gehackt

Gemüsebrühe mit Zitronenschale zum Kochen bringen. Blumenkohl darin ca. 7 Minuten bissfest kochen lassen. Blumenkohl in ein Sieb abgießen, Garflüssigkeit auffangen.

Öl in einem beschichteten Topf erhitzen. Zwiebel darin bei milder Hitze weich dünsten. Walnüsse und Muskat dazugeben, unter Rühren kurz anrösten, mit der Garflüssigkeit aufgießen, zugedeckt 10 Minuten köcheln lassen. 200 g Blumenkohl untermischen. Soße mit dem Mixstab fein pürieren.

Restlichen Blumenkohl und Kapern untermischen, alles kurz erhitzen, mit Zitronensaft, Salz und Pfeffer abschmecken, mit Petersilie bestreut servieren.

Pro Portion 167 kcal, 8 g E, 10 g F, 12 g KH, 0 mg Chol

Blumenkohl mag Getreide
Zum Blumenkohl in cremiger Walnusssoße schmeckt Reis, Quinoa, Hirse, Couscous, Perlweizen und Bulgur.

Geschmorter Fenchel mit Maroni und Zitronensoße

Für 4 Portionen
2 EL Öl
1 Zwiebel, fein gehackt
1 TL Sojasoße
1 Prise Muskatnuss, frisch gerieben
600 g (4 kleine Knollen) Fenchel,
   geviertelt
200 g gekochte Maroni (Esskastanien)
400 ml Gemüsebrühe (Gemüsesuppe)
100 ml Sojasahne
   (Hafer- oder Reissahne)
½ EL Zitronensaft
abgerieben Schale von ¼ Bio-Zitrone
2 EL Mandelsplitter, geröstet

Öl in einer großen, beschichteten Pfanne erhitzen. Zwiebel darin bei milder Hitze zuerst weich dünsten, dann unter Rühren goldgelb braten. Sojasoße und Muskat untermischen, kurz unter Rühren braten.

Fenchelviertel nebeneinander in die Pfanne setzen, dazwischen die Maroni verteilen. Alles leicht salzen, mit ca. 100 ml Gemüsebrühe übergießen und zugedeckt bei milder Hitze ca. 20 Minuten schmoren. Bei Bedarf wenig Gemüsebrühe angießen.

Restliche Gemüsebrühe, Sojasahne, Zitronensaft und Zitronenschale verrühren. Fenchel und Maroni damit übergießen, 5 Minuten köcheln lassen. Mit Mandelsplittern bestreut servieren.

Pro Portion 270 kcal, 7 g E, 17 g F, 24 g KH, 0 mg Chol

Flammkuchen mit Lauch und pikantem Räuchertofu

Für 8 Stück
Für den Teig
250 g feines Vollkornmehl
1 Päckchen Trockenhefe (Germ)
125–150 ml lauwarmes Wasser
2 EL Olivenöl
½ TL Salz

Für den Belag
200 g geräucherter Tofu, kleine Würfel
3 EL Sojasoße
6 EL Olivenöl
1 TL Koriander
1 Prise Muskatnuss, frisch gerieben
500 g Lauch, feine Ringe
Salz, Pfeffer
1 TL Thymian
250 g Soja-Sauerrahm
½ TL Kurkuma, gemahlen
1 TL Kümmel
2 rote Paprikaschoten, feine Streifen

Aus Mehl, Hefe, Öl, Salz und Wasser einen geschmeidigen Teig kneten. Teig zugedeckt 1 Stunde gehen lassen.

Tofu mit Sojasoße, 1 EL Olivenöl, Koriander und Muskat vermischen, marinieren lassen.

2 EL Öl in einer beschichteten Pfanne erhitzen. Lauch darin kurz andünsten, mit Salz, Pfeffer und Thymian würzen.

Soja-Sauerrahm mit Muskat, Pfeffer, Kurkuma und Salz glatt rühren.

Backofen auf 200 °C (Umluft 180 °C) vorheizen. Ein großes Backblech dünn mit Öl bestreichen. Teig kurz durchkneten, sehr dünn ausrollen und auf das Backblech legen.

Flammkuchenboden mit Soja-Sauerrahm bestreichen, mit Kümmel bestreuen, darauf Lauch, geräucherten Tofu und Paprika verteilen.

Flammkuchen mit 3 EL Olivenöl beträufeln, im vorgeheizten Ofen 30 Minuten backen.

Pro Stück 291 kcal, 9 g E, 17 g F, 25 g KH, 0 mg Chol

Sie haben keinen Soja-Sauerrahm für den Flammkuchen-Guss?
Dann einfach 100 g kalte, gekochte Kartoffeln fein raspeln, mit 200 ml Soja-, Reis- oder Hafersahne samt den Gewürzen glatt rühren und den Flammkuchenboden damit bestreichen.

Karotten in aromatischer Aprikosen-Kokos-Soße

Für 4 Portionen
300 ml Kokosmilch
1 Zwiebel, fein gehackt
¼ TL Zimtpulver
1 TL Koriandersamen, zerstoßen
Samen aus 4 zerstoßenen Kardamom-
kapseln, zerstoßen
1 Prise Muskatnuss, frisch gerieben
1 ½ TL frischer Ingwer, fein gehackt
1 Stück Bio-Zitronenschale (2 x 3 cm)
250 g reife Aprikosen, kleine Spalten
250 ml Gemüsebrühe (Gemüsesuppe)
abgeriebene Schale von ¼ Bio-Orange
600 g Karotten, dünne Scheiben
½–1 EL Zitronensaft
3–4 EL Orangensaft
Salz, Pfeffer

Kokosmilch mit Zwiebel, Zimt, Koriander, Kardamom, Muskat, Ingwer und Zitronenschale zum Kochen bringen und 10 Minuten köcheln lassen.

Aprikosen dazugeben und weitere 3 Minuten köcheln lassen. Soße vom Herd nehmen, mit dem Mixstab fein pürieren.

In einem zweiten Topf die Gemüsebrühe zum Kochen bringen. Karotten darin zugedeckt ca. 5 Minuten bissfest köcheln lassen.

Aprikosen-Kokos-Soße untermischen. Alles 3 Minuten köcheln lassen, mit Orangen- und Zitronensaft, Salz und Pfeffer abschmecken.

Pro Portion 203 kcal, 4 g E, 13 g F, 16 g KH, 0 mg Chol

Tipps

Nur das Gelbe von der Schale!
Das feine Orangenaroma sitzt in der gelben Schicht der Schale, der weiße pelzige Teil schmeckt bitter. Reiben Sie daher die Orangenschale vorsichtig ab, damit nur die aromatische Außenhaut im Essen landet. Das Gleiche gilt auch für Zitronen und Limetten.

Abwechslung bringt mehr Genuss
Auch Fenchel oder Pilze in Gemüsebrühe kurz gedünstet harmonieren mit der Aprikosen-Kokos-Soße.

Grundrezept für jede Jahreszeit
Im Sommer wird die Soße mit Aprikosen zubereitet. Sie schmeckt aber auch mit Äpfeln und Mango. Besonders praktisch: Kochen Sie in der Aprikosen-Saison gleich eine größere Portion Soße und frieren Sie diese ein. Dann können Sie jederzeit blitzschnell ein leckeres Karottengemüse zubereiten.

Spinat in Curry-Soße mit Mango

Für 4 Portionen
Für die Soße
300 ml Kokosmilch
300 ml Gemüsebrühe (Gemüsesuppe)
1 Zwiebel, fein gehackt
2 Knoblauchzehen, fein gehackt
1 Stück Bio-Zitronenschale (2 x 3 cm)
1 TL frischer Ingwer, fein gehackt
1 TL Currypulver

Für den Spinat
1 reife Mango, kleine Stücke
1 EL Zitronen- oder Limettensaft
600 g junger Spinat
Salz
½ Bund Basilikum, fein geschnitten

Kokosmilch und Gemüsebrühe mit Zwiebel, Knoblauch, Zitronenschale, Ingwer und Currypulver aufkochen, 10 Minuten köcheln lassen und mit dem Mixstab fein pürieren.

Mango und ½ EL Zitronensaft vermischen.

Tropfnassen Spinat mit wenig Salz in einen großen Topf geben. Zugedeckt nur solange erhitzen, bis die Spinatblättchen zusammenfallen (ca. 2 Minuten). Spinat in einem Sieb abtropfen lassen (große Blätter in Stücke schneiden).

Soße erhitzen, Spinat unterrühren, mit Salz und Zitronensaft abschmecken. Spinat portionsweise anrichten, mit Mango und Basilikum bestreut servieren.

Pro Portion 180 kcal, 6 g E, 14 g F, 10 g KH, 0 mg Chol

Für die Blüten die Karotten zuerst 5 Mal der Länge nach einkerben, dann in dünne Scheiben schneiden

Schoko-Nuss-Bananen-Eis mit Kardamom

Für 4 Portionen
3 reife Bananen, Stücke
200 ml Sojadrink, ungesüßt oder
    Mandelmilch, ungesüßt (S. 29)
½ TL Zimtpulver
zerstoßene Kapseln aus
    8 Kardamomsamen
80 g bittere vegane Schokolade,
    kleine Stücke
50 g Cashewmuss

Für die Garnitur
200 g Erdbeeren, kleine Stücke
1 Orange, kleine Spalten

Bananen mit der Gabel zerdrücken.

Sojadrink, mit Zimt und Kardamom in einem kleinen Topf erhitzen. Vom Herd nehmen. Schokolade dazugeben, rühren bis die Schokolade geschmolzen ist.

Bananen, Schokocreme und Cashewmus in einen Mixbecher geben. Alles mit dem Mixstab glatt pürieren.

Schoko-Nuss-Bananen-Creme zuerst abkühlen lassen, dann in der Eismaschine zu Eis rühren (oder in eine flache Schüssel geben, 3 Stunden zugedeckt in das Tiefkühlfach stellen. Dabei alle 20 Minuten kräftig umrühren, damit das Eis cremig wird).

Schoko-Nuss-Bananen-Eis mit Erdbeeren und Orangen anrichten, mit der Erdbeer-Orangen-Soße umgießen.

Pro Portion 294 kcal, 7 g E, 13 g F, 37 g KH, 0 mg Chol

Erdbeer-Orangen-Soße

Für 4 Portionen
300 g (TK-)Erdbeeren
100 ml Orangensaft
2 getrocknete Datteln, Stücke
¼ TL Vanille, gemahlen
abgeriebene Schale von ½ Bio-Orange

Erdbeeren, Orangensaft, Datteln und Vanillepulver mit dem Mixstab zu einer glatten Soße pürieren.
Orangenschale mit dem Rührlöffel untermischen.

Pro Portion 33 kcal, 1 g E, 0 g F, 6 g KH, 0 mg Chol

Mandarinen-Ananas-Gelée

Für 4 Portionen

300 ml frisch gepresster
   Mandarinensaft
200 g Ananas, kleine Stücke
5 getrocknete Datteln, gehackt
½ TL frischer Ingwer, fein gehackt
½ TL Zimtpulver
2 gestrichene TL Agar-Agar-Pulver

Mandarinensaft, Ananas, Datteln, Ingwer und Zimt im Mixglas oder mit dem Mixstab glatt pürieren.

Agar-Agar mit 4 EL kaltem Wasser glatt rühren.

Fruchtpüree in einem kleinen Topf zum Kochen bringen. Agar-Agar untermischen und das Fruchtpüree 1 Minute unter Rühren köcheln lassen.

Das heiße Fruchtpüree in eine flache Form gießen, abkühlen lassen und 3 Stunden kalt stellen.

Mandarinen-Ananas-Gelée auf ein Brett stürzen. Gelée in kleine Rechtecke schneiden oder mit Keksförmchen daraus Sterne, Herzen oder Tiere ausstechen.

Fruchtgelée mit einem Löffelchen Vanille-Nuss-Dip anrichten.

Pro Portion 107 kcal, 1 g E, 0 g F, 24 g KH, 0 mg Chol

Vanille-Nuss-Dip

Für 4 Portionen

30 g getrocknete Cranberrys
50 g Sojajoghurt, natur
30 g Cashewnussmus
½ TL Vanille, gemahlen

Cranberrys mit 40 ml kochendem Wasser übergießen. 30 Minuten quellen lassen.

Cranberrys, Einweichwasser, Sojajoghurt, Cashewnussmus und Vanillepulver mit dem Mixstab zu einer glatten Creme pürieren.

Pro Portion 73 kcal, 2 g E, 5 g F, 4 g KH, 0 mg Chol

Frucht-Gelée

Für 4 Portionen
50 g Rosinen
300 g Früchte oder Beeren (auch tiefgekühlt)
200 ml frisch gepresster Orangensaft
2 gestrichene TL Agar-Agar-Pulver

Soße
300 ml frisch gepresster Mandarinen-
    oder Orangensaft

Nach diesem Grundrezept können
Sie aus allen Früchten und Beeren
ein attraktives Dessert zubereiten

Rosinen mit 100 ml Wasser aufkochen, 5 Minuten
ziehen lassen, abgießen, abtropfen lassen und
hacken.

Klein geschnittene Früchte oder Beeren, Orangensaft und Rosinen mit dem Mixstab fein pürieren,
durch ein Sieb streichen. Püree in einen kleinen
Topf geben.

Agar Agar mit 4 EL kaltem Wasser glatt rühren, mit
dem Schneebesen unter das Fruchtpüree mischen.
Alles unter Rühren zum Kochen bringen. 1 Minute
unter Rühren köcheln lassen.

Püree in eine flache Form (20 cm x 40 cm) gießen.
3 Stunden kalt stellen. Gelée auf ein Brett stürzen,
mit Keksförmchen Tiere, Herzen und Sterne ausstechen oder in kleine Würfel schneiden. Gelée
portionsweise anrichten, mit Mandarinensaft
umgießen.

Pfirsichsalat mit Himbeer-Pinien-Soße

Für 4 Portionen

600 g reife, saftige Pfirsiche, feine
    Spalten
4 frische oder getrocknete Datteln,
    feine Streifen
Saft von 1 Orange

Für die Soße

200 g (TK-)Himbeeren
100 ml Orangensaft
2 EL Rosinen, gehackt
50 g Pinienkerne, gehackt

Pfirsiche, Datteln und Orangensaft vermischen.

Himbeeren und Orangensaft mit dem Mixstab fein pürieren (eventuell durch ein Sieb streichen).

Mit dem Mixstab Himbeeren, Rosinen und Pinienkerne zu einer glatten Creme mixen.

Pfirsichsalat portionsweise mit einem Klecks Himbeer-Pinien-Soße anrichten.

Pro Portion 249 kcal, 6 g E, 7 g F, 38 g KH, 0 mg Chol

Maroni-Apfel-Creme mit Vanille

Für 4 Portionen

1 EL Öl
500 g saftige, säuerliche Äpfel, kleine
    Spalten
150 ml Orangensaft
½–1 EL Zitronensaft
4 EL getrocknete Cranberrys, gehackt
½ TL Zimt
½ TL Vanille, gemahlen
1 Stück Bio-Zitronenschale (2 x 3 cm)
200 g gekochte Esskastanien (Maroni),
    Stücke
1 EL Walnüsse, geröstet

Öl in einer beschichteten Pfanne erhitzen. Äpfel darin bei milder Hitze anbraten. Orangen- und Zitronensaft, Cranberrys, Zimt und Vanille dazugeben. Äpfel zugedeckt weich dünsten.

Maroni untermischen, erhitzen. Alles in einen Mixbecher geben und mit dem Mixstab zu einer glatten Creme pürieren. Wenn die Creme zu fest ist, noch etwas Orangensaft dazugeben.

Maroni-Apfel-Creme mit gerösteten Walnüssen bestreut servieren.

Pro Portion 249 kcal, 3 g E, 7 g F, 40 g KH, 0 mg Chol

Rote Grütze mit Vanille-Zimt-Creme

Für 4 Portionen
50 g Rosinen (getrocknete Datteln, Feigen, Cranberrys), gehackt
1 Stange Zimt
400 ml Wasser
20 g Kartoffelstärke
800 g TK-Beerenmischung

Für die Creme
170 g Sojajoghurt, natur
1 EL Nussmus
2 EL getrocknete Cranberrys (oder Rosinen), gehackt
¼ TL Vanille, gemahlen
½ TL Zimtpulver

Rosinen, Zimt und 400 ml Wasser zum Kochen bringen. 5 Minuten köcheln lassen.

Kartoffelstärke mit 4 EL kaltem Wasser glatt rühren. Aufgelöste Stärke mit dem Schneebesen in die Garflüssigkeit rühren, unter Rühren zum Kochen bringen.

Beerenmischung unterrühren. Rote Grütze aufkochen, sofort vom Herd nehmen, abkühlen lassen und kalt stellen.

Für die Creme Sojajoghurt, Nussmus, Cranberrys, Vanille und Zimt mit dem Mixstab fein pürieren.

Pro Portion 197 kcal, 5 g E, 2 g F, 35 g KH, 0 mg Cho

Bratapfel mit Bananen-Kokos-Creme

Für 4 Portionen
4 große, saftige Äpfel
1 EL Öl

Für die Soße
200 g Kokosmilch
2 Bananen, Scheiben
½ TL Zimtpulver

Backofen auf 200 °C (Umluft 180 °C) vorheizen. Kerngehäuse der Äpfel ausstechen.

Äpfel nebeneinander in eine flache Form setzen, mit Öl bestreichen, im vorgeheizten Ofen ca. 20 Minuten braten.

Für die Soße Kokosmilch zum Kochen bringen. Bananen und Zimt dazugeben, einen Moment erhitzen.

Bananen-Kokos-Creme mit dem Mixstab fein pürieren.

Bratäpfel mit der Bananen-Kokos-Soße umgießen.

Pro Portion 220 kcal, 2 g E, 10 g F, 32 g KH, 0 mg Chol

Mango-Mandel-Creme mit Granatapfel und Feigen

Für 4 Portionen
120 g getrocknete Soft-Aprikosen
  (Marillen)
200 ml heißes Wasser
2 reife Mangos (ca. 500 g Frucht-
  fleisch), kleine Stücke
2 EL Mandelmus
1 TL Bio-Zitronenschale, fein gehackt
2–3 EL Zitronensaft
5 EL Orangensaft

Für die Garnitur
Kerne aus ½ Granatapfel
2 frische Feigen, kleine Spalten
ein paar Blättchen Zitronenmelisse

Aprikosen mit heißem Wasser übergießen, 1 Stunde quellen lassen, in ein Sieb abgießen, abtropfen lassen. Aprikosen in kleine Stücke schneiden.

Im Mixglas oder mit dem Mixstab Aprikosen, Mangos, Mandelmus, Zitronenschale, Zitronen- und Orangensaft zu einer glatten Creme mixen. Wenn die Creme zu fest ist, noch etwas Orangensaft untermischen.

Mango-Mandel-Creme schichtweise mit Granatapfelkernen anrichten, mit Feigen, Granatapfelkernen und Zitronenmelisse garnieren.

Pro Portion 192 kcal, 3 g E, 4 g F, 34 g KH, 0 mg Chol

Apfelkompott à la tropical mit Mango und Kokos

Für 4 Portionen
60 g getrocknete Mangos, kleine Stücke
200 ml Wasser
200 ml Kokosmilch
½ TL Zimtpulver
abgeriebene Schale von ½ Bio-Zitrone
1 EL Limetten- oder Zitronensaft
600 g saftige, säuerliche Äpfel, große
  Spalten

Getrocknete Mangos mit kochendem Wasser übergießen, 1 Stunde quellen lassen. Mangos und Einweichwasser mit dem Mixstab fein pürieren.

Mangopüree, Kokosmilch, Zimt und Zitronenschale zum Kochen bringen. Äpfel dazugeben, ca. 6 Minuten köcheln lassen. Die Äpfel sollen nicht zerfallen.

Das Apfel-Kompott schmeckt heiß und kalt.

Pro Portion 204 kcal, 2 g E, 10 g F, 27 g KH, 0 mg Chol

Nektarinen-Orangen-Grits mit Zimt und Kardamom

Für 4 Portionen

1 L Sojadrink, ungesüßt oder
    Mandelmilch, ungesüßt (S. 29)
100 g Dinkelgrieß
1 TL Zimtpulver
abgeriebene Schale von 1 Bio-Zitrone
zerstoßene Samen aus
    8 Kardamomkapseln
4 getrocknete Datteln (Feigen),
    kleine Stücke
2 EL Cashewnüsse, gehackt
400 g reife Pfirsiche, sehr kleine Stücke
2 Orangen, kleine Stücke

Sojadrink zum Kochen bringen. Dinkelgrieß, Zimt, Zitronenschale, Kardamom und Datteln einrühren, unter Rühren einen nicht zu dicken Grießbrei kochen.

Cashewnüsse und Pfirsiche unterrühren, kurz unter Rühren erhitzen.

Grits portionsweise anrichten, mit Orangenstückchen bestreut servieren.

Pro Portion 293 kcal, 13 g E, 8 g F, 41 g KH, 0 mg Chol

Apfel-Bananen-Grits mit Vanille

Für 4 Portionen

2 Bananen, Stücke
1 l Sojadrink, ungesüßt oder
    Mandelmilch, ungesüßt (S. 29)
80 g Dinkelgrieß
1 TL Zimtpulver
½ TL Vanille, gemahlen
4 Äpfel, grob geraspelt

Bananen mit der Gabel fein zerdrücken und cremig rühren.

Sojadrink zum Kochen bringen. Dinkelgrieß, Zimt und Vanille einrühren. Unter Rühren einen nicht zu dicken Grießbrei kochen.

Zuerst die Äpfel, dann die Bananen untermischen und kurz unter Rühren erhitzen.

Pro Portion 285 kcal, 12 g E, 6 g F, 46 g KH, 0 mg Chol

Warme, süße Hauptspeisen kommen immer gut an

Grits ist schnell und einfach zubereitet. Servieren Sie vor der fruchtigen Grießspeise eine Gemüsesuppe und schon ist ein reichliches Mittagessen fertig.

Birne Helene mit Schokosoße

Für 4 Portionen

40 g getrocknete Birnen (oder Äpfel),
  kleine Stücke
200 ml Wasser
2 Vanilleschoten
4 saftige Birnen
1 TL Zitronensaft
1 Zimtstange
2 EL geröstete Mandelblättchen

Für die Soße

100 ml Sojadrink, ungesüßt oder
  Mandelmilch, ungesüßt (S. 29)
3 EL Rosinen, gehackt
80 g vegane Bitterschokolade,
  kleine Stücke
½ TL Zimtpulver

Getrocknete Birnen mit 200 ml kochendem Wasser übergießen, 30 Minuten quellen lassen. Alles mit dem Mixstab zu einer dünnen Fruchtsoße pürieren.

Vanilleschoten längs halbieren. Vanillemark auskratzen und für die Schokoladesoße beiseite stellen.

Frische Birnen halbieren, schälen, Kerngehäuse ausstechen.

300 ml Wasser, Fruchtsoße, ausgekratzte Vanilleschoten, Zitronensaft und Zimtstange zum Kochen bringen.

Birnenhälften je nach Reifegrad darin 2–4 Minuten köcheln lassen. Bitte beachten Sie bei der Garzeit, dass die Birnen in der Kochflüssigkeit abkühlen sollen.

Schokosoße erst kurz vor dem Servieren zubereiten. Mit dem Mixstab Sojadrink und Rosinen fein pürieren.

Soja-Rosinen-Drink, Schokolade, Zimt und Vanillemark in einer Schüssel im Wasserbad (leicht kochendes Wasser) unter Rühren erhitzen, bis die Schokolade schmilzt. Schoko-Soße glatt rühren.

Birnenhälften aus der abgekühlten Kochflüssigkeit heben, abtropfen lassen und portionsweise mit der heißen Schokosoße anrichten. Mit gerösteten Mandelblättchen bestreut servieren.

Pro Portion 233 kcal, 5 g E, 8 g F, 37 g KH, 0 mg Chol

Früchte heiß serviert

So kommt Abwechslung in die Dessert-Küche: Bananen längs halbieren, in wenig Öl auf beiden Seiten kurz braten, mit der Schokosoße übergießen.

Auch sehr lecker: Pfirsiche kurz in kochendes Wasser legen, abziehen, halbieren und entkernen. Pfirsiche grillen oder im Backofen braten, mit Schokoladensoße übergießen.

Apfelkrapfen

Für ca. 42 Stück

Für ca. 42 Stück
Für den Teig
50 g Rosinen
100 ml Wasser
80 g Chashewnussmus
70 ml Öl
300 g Mehl
200 g feines Vollkornmehl
250 ml lauwarmer Sojadrink, ungesüßt
1 Päckchen Trockenhefe (Germ)
¼ TL Salz

Für die Füllung

600 g saftige, säuerliche Äpfel, dünne
    Scheibchen
2 EL Zitronensaft
2 EL Rosinen, gehackt
2 EL Mandelblättchen
abgeriebene Schale von ½ Bio-Zitrone
½ TL Zimtpulver
1 TL Mehl

Für die Glasur

6 EL Sojadrink, ungesüßt
1 Prise Kurkuma, gemahlen

Rosinen mit dem Wasser zum Kochen bringen, 10 Minuten quellen lassen. Abgießen, gut abtropfen lassen, hacken. Mit dem Mixstab Rosinen, Cashewnussmus und Öl zu einer glatten Creme pürieren.

Mehl, Vollkornmehl, Rosinen-Nuss-Creme, Sojadrink, Hefe und Salz in eine Schüssel geben, vermischen, auf eine leicht bemehlte Fläche geben und zu einem glatten Teig kneten. Teig zugedeckt 1–1½ Stunden auf das doppelte Volumen aufgehen lassen. Backofen auf 190 °C (170 °C Umluft) vorheizen. Ein Backblech mit Backpapier belegen.

Äpfel, Zitronensaft, Rosinen, Mandelblättchen, Zitronenschale und Zimt vermischen. 1 TL Mehl mit 2 EL Wasser verrühren.

Ein Drittel des Teigs auf einer bemehlten Fläche 2 mm dünn ausrollen. Mit einer großen Tasse (ca. 11 cm Durchmesser) runde Teigplatten ausstechen. Diese am Rand mit der Mehl-Wasser-Mischung dünn bestreichen und jeweils in die Mitte 2 TL Füllung geben.

Teigplatten zum Halbkreis zusammen klappen, an den Rändern festdrücken und auf das Backblech legen. Dabei genügend Abstand lassen, die Kräpfchen gehen beim Backen auf.

4 EL Sojadrink und Kurkuma gut verrühren. Die Kräpfchen damit dünn bestreichen, dann werden sie schön goldbraun. Kräpfchen im vorgeheizten Ofen ca. 20 Minuten goldbraun backen und auf Kuchengitter geben.

Die heißen Kräpfchen sofort dünn mit dem restlichen Sojadrink (ohne Kurkuma) bestreichen, dann werden sie schön glänzend. Kräpfchen abkühlen lassen.

Mit der restlichen Teigmenge genauso verfahren.

Pro Stück 93 kcal, 4 g Fett, 2 g E, 13 g KH, 0 mg Chol

Auf Vorrat backen
Die kleinen Apfelkrapfen eignen sich gut zum Einfrieren.

Kirschenstrudel

Für 8 Stück

- 80 g Semmelbrösel
- 40 g Haselnüsse, gerieben
- 1 gestrichener EL Kartoffelstärke, durchgesiebt
- ½ TL Zimtpulver
- ½ TL Vanille, gemahlen
- 500 g süße Kirschen, entsteint
- 50 g getrocknete Kirschen oder Rosinen, fein gehackt
- 2 Blätter veganer Strudelteig à 50 g (tiefgefroren oder vakuumverpackt)
- 4 TL Öl

Den Backofen auf 190 °C (Umluft 170 °C) vorheizen. Ein Backblech mit Backpapier belegen.

Semmelbrösel, Haselnüsse, Kartoffelstärke, Zimt- und Vanille gut vermischen. Kirschen und getrocknete Kirschen untermischen.

Ein angefeuchtetes und gut ausgedrücktes Küchentuch ausbreiten. Ein Blatt Strudelteig darauf legen, mit 1 TL Öl bestreichen. Das zweite Blatt Strudelteig darauf legen, mit 1 TL Öl bestreichen.

Kirschenfüllung auf dem unteren Drittel des Strudelteigs verteilen. Dabei rechts und links einen 4 cm breiten Rand ohne Belag lassen.

Teigränder von rechts und links über die Füllung schlagen. Den Strudel mit Hilfe des Küchentuchs vom unteren Ende her aufrollen.

Strudel vom Küchentuch auf das vorbereitete Blech gleiten lassen (dabei soll die Teignaht unten liegen).

Strudel mit 2 TL Öl bestreichen und im vorgeheizten Ofen 30 Minuten knusprig backen. Strudel auf dem Blech abkühlen lassen.

Pro Stück 198 Kalorien, 7 g F, 4 g E, 30 g KH, 0 mg Chol

Abwechslungsreich backen

Nach diesem einfachen Rezept auch Zwetschken- und Aprikosenstrudel zubereiten.

Ananas aus dem Backofen

Für 4 Portionen
1 reife Ananas
200 ml Kokosmilch
½ TL Zimtpulver
¼ TL Vanille, gemahlen

Backofen auf 180 °C (Umluft 160 °C) vorheizen. Stiel- und Blattansatz der Ananas abschneiden. Ananas aufrecht auf ein Brett stellen, harte Schale von oben nach unten großzügig abschneiden. Die harten Augen ausschneiden.

Ananas in eine kleine, ofenfeste Form legen, 4 EL Wasser dazu geben. Kokosmilch, Zimt und Vanille verrühren. Ananas damit rundum dünn einstreichen. Ananas im vorgeheizten Ofen ca. 45 Minuten braten und dabei immer wieder mit Kokosmilch bestreichen.

Ananas mit der restlichen Kokossoße übergießen, noch ca. 15 Minuten braten.

Ananas vierteln und portionsweise anrichten. Dazu schmeckt auch die Erdbeer-Orangen-Soße (S. 114)

Pro Portion 144 kcal, 2 g E, 19 g F, 21 g KH, 0 mg Chol

Das einfach zubereitete Dessert macht Gäste glücklich

Rezeptregister

Rezeptregister

Literatur

BROWN, James E./ MOSLEY, Michael/ALDRED, Sarah: Intermittent Fasting: A Dietary Intervention for Prevention of Diabetes and Cardiovascular Disease, British Journal of Diabetes & Vascular Disease, March/April 2013 vol. 13 no. 2 68–72
LEEUWENBURGH, Stephen Anton and Christian: Fasting or Caloric Restriction for Healthy Aging, Exp Gerontology, Oktober 2013, Vol. 48 (10) 1003–2005
LEITZMANN, Claus/KELLER, Markus: Vegetarische Ernährung, 3. Auflage, Ulmer Verlag 2013
MATTSON, M. P/DUAN, W./GUA, Z.: Meal Size and Frequency Affect Neuronal Plasticity and vulnerability to disease: cellular and molecular mechanisms, Journal of Neurochemistry, Februar 2003, 84 (3): 417–431

Schlank & gesund mit Büchern aus dem kneipp verlag

Elisabeth Fischer
Heilsames Basenfasten
Genießen, entschlacken und
schlank werden
Mit 120 Rezepten

132 Seiten, farbig, Hardcover
ISBN 978-3-7088-0545-0
EUR 17,99

Mit ihren erprobten Rezepten zeigt Elisabeth Fischer den Weg aus
der Übersäuerungsfalle. Die in diesem Buch präsentierten
Gerichte sind basenbildend, vegan und cholesterinfrei. Sie entlasten,
steigern das Wohlbefinden durch einen enormen Vitalstoffgehalt
und lassen die Kilos purzeln.

Elisabeth Fischer
Heilsames Basenfasten im Job
120 Genussrezepte zum Abnehmen
Mit Wochenplänen und Einkaufslisten

ISBN 978-3-7088-0669-3
132 Seiten, farbig, Broschur mit Klappen
EUR 14,99

Der Bestseller von Elisabeth Fischer geht in die zweite Runde, dies-
mal speziell für Berufstätige. Im Alltag bleibt nämlich wenig Zeit
zum Einkaufen und Kochen. Deshalb gibt es zu den 120 erprobten,
basenbildenden Genießerrezepten praktische Wochenpläne und
Einkaufslisten.

www.kneippverlag.com

Lesen Sie mehr von Elisabeth Fischer!

Elisabeth Fischer
Vegan fasten und schlank bleiben
Das neue 14-Tage-Abnehmprogramm
mit 140 Basenrezepten

ISBN 978-3-7088-0647-1
156 Seiten, farbig, Hardcover
EUR 19,99

Das Erfolgskonzept wird erweitert. Satt werden, abnehmen, wohl-
fühlen – diese Erfahrung haben viele mit *Vegan fasten* gemacht.
Damit nach dem veganen Fasten der Jo-Jo-Effekt keine Chance hat,
der Organismus in der Säure-Basen-Balance bleibt und die Gesundheit nachhaltig gefördert wird, entwickelte Elisabeth Fischer nun
auch vegane Rezepte für die Zeit danach.

Elisabeth Fischer
Vegan fasten
Das 14-Tage-Abnehmprogramm
mit 120 genussvollen Basenrezepten

ISBN 978-3-7088-0617-4
132 Seiten, farbig, Hardcover
EUR 17,99

Elisabeth Fischer hat im ersten Band ihrer Vegan-fasten-Methode
120 raffinierte Basenrezepte entwickelt, die satt und dabei schlank
machen: Fruchtige Müslis, knackige Salate, aromatische Suppen,
kräuterwürzige Gemüsegerichte und fruchtig Süßes. Schnell und
einfach zubereitet, lassen sie Ihre Fettpolster verschwinden.

www.kneippverlag.com

Schlank & gesund mit Büchern aus dem **kneipp** verlag

Elisabeth Fischer
Ab heute bin ich schlank – Das Kochbuch
Genießen – abnehmen – Gewicht halten

192 Seiten, farbig, Hardcover
ISBN 78-3-7088-0634-1
EUR 17,99

Mittlerweile haben es die meisten schon am eigenen Leib erfahren: Diäten machen nicht schlank, sondern langfristig immer dicker. Erfolgversprechend ist nur eine langfristige Änderung des Essverhaltens. Bestsellerautorin Elisabeth Fischer macht diese Umstellung mit ihren erprobten Rezepten schmackhaft und liefert dazu das Know-how für den leichten, gesunden Genuss, ganz nach dem Motto: Schlemmen ja, Dickwerden niemals wieder!

Elisabeth Fischer, Irene Kührer
Soja
120 vegane und vegetarische Rezepte mit Tofu, Sojacreme & Co.

Überarbeitete und gekürzte Neuauflage
168 Seiten, farbig, Hardcover
ISBN 978-3-7088-0616-7
EUR 17,99

Elisabeth Fischer hat ihre Begeisterung für köstliches, gesundes Essen in viele leichte Rezepte umgesetzt, inspiriert vom vertrauten Geschmack heimischer Gerichte, der Küche des Mittelmeeres und der raffiniert einfachen asiatischen Kochkunst.
Die 120 Rezepte bringen auch die gesundheitsfördernde Wirkung der Sojabohne auf den Teller: schlemmen und dabei schlank bleiben, die Haut von innen heraus pflegen und jung halten, dazu Herz und Knochen stärken.

www.kneippverlag.com